Sara
Berrenson

Watercolor
35 Motive

Einfach aquarellieren
in 30 Minuten

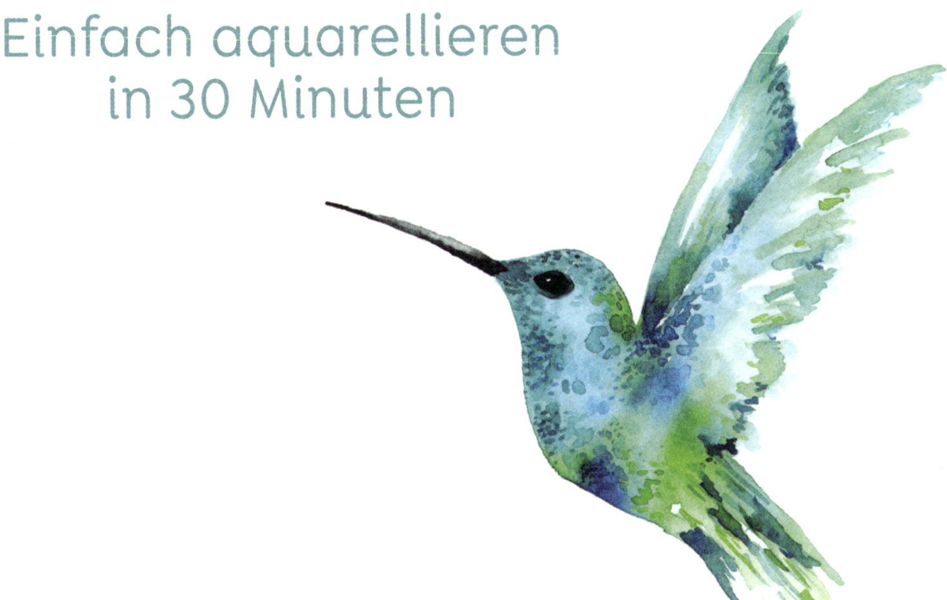

Bassermann

Inhalt

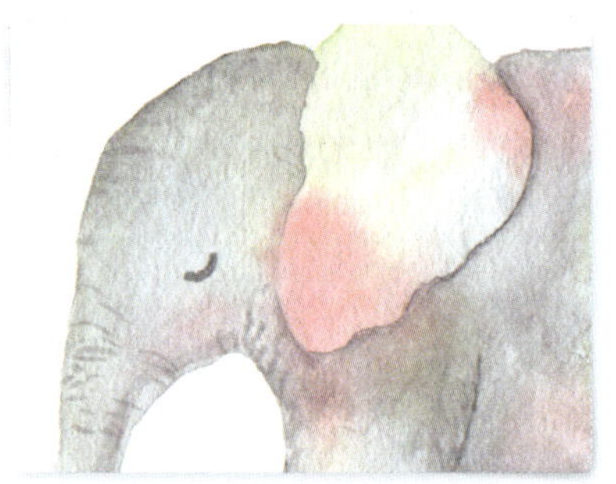

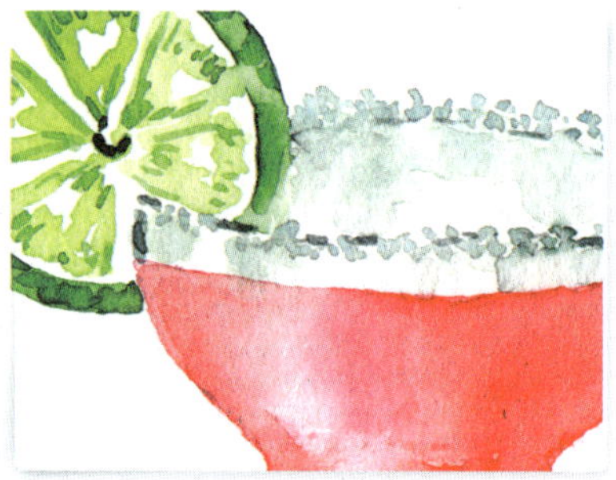

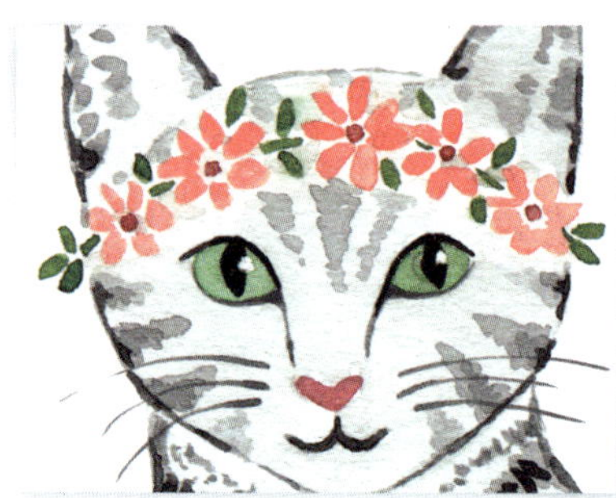

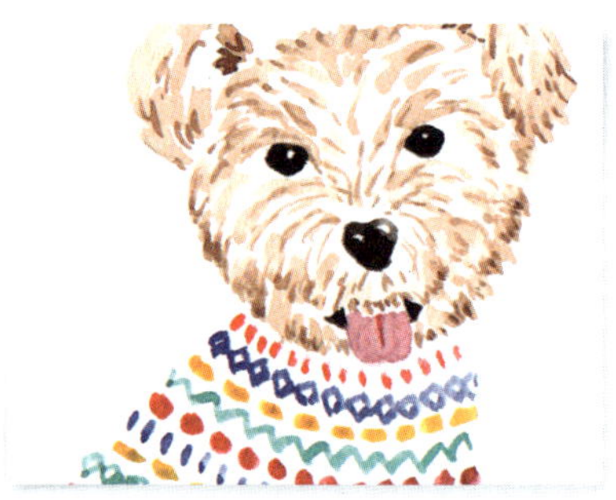

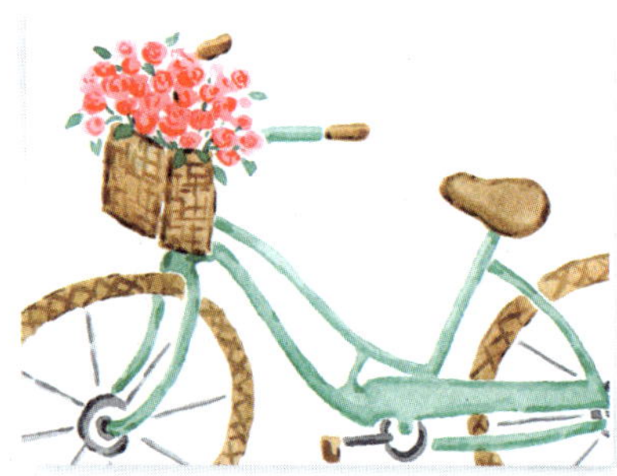

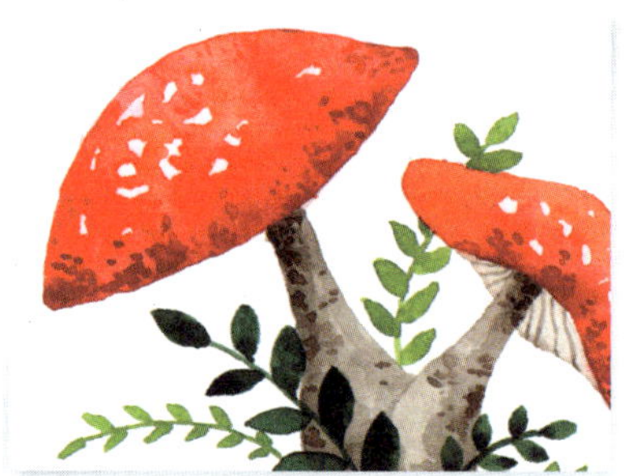

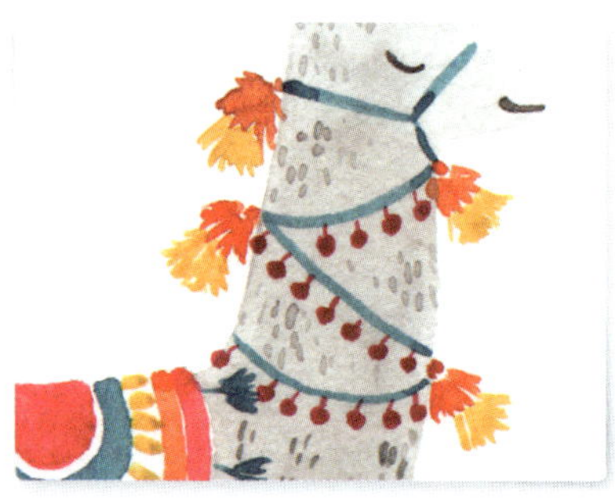

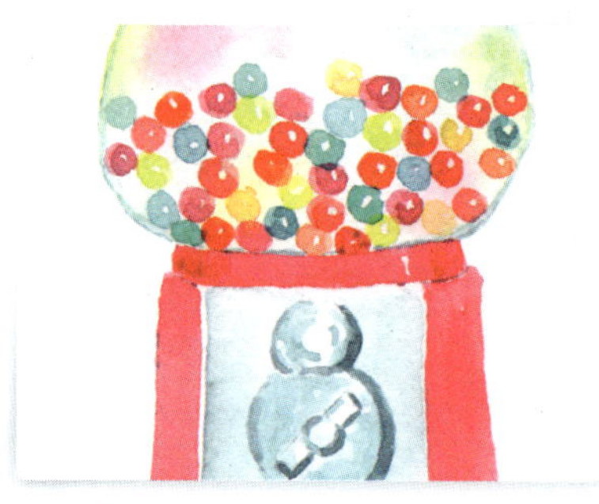

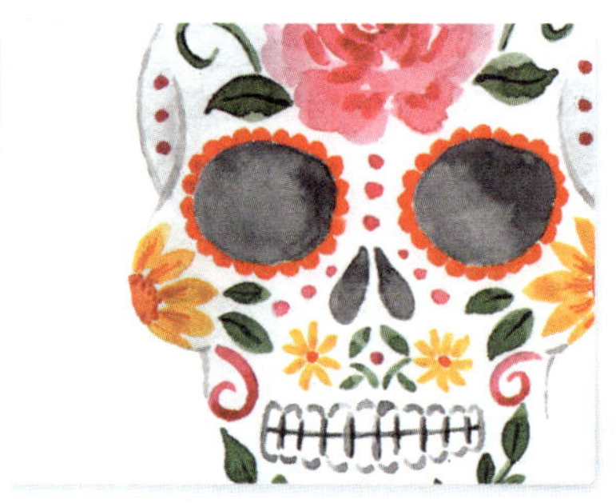

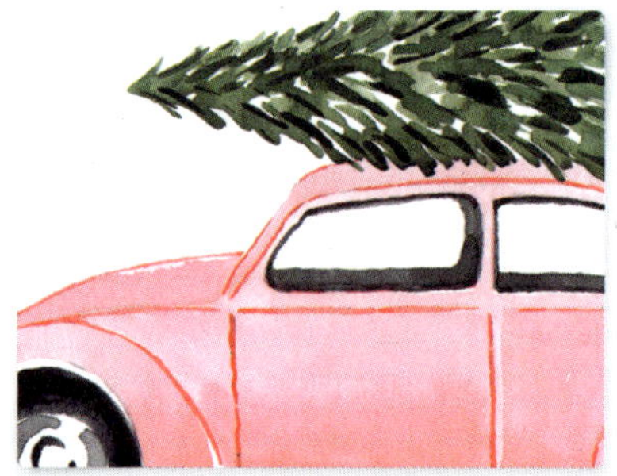

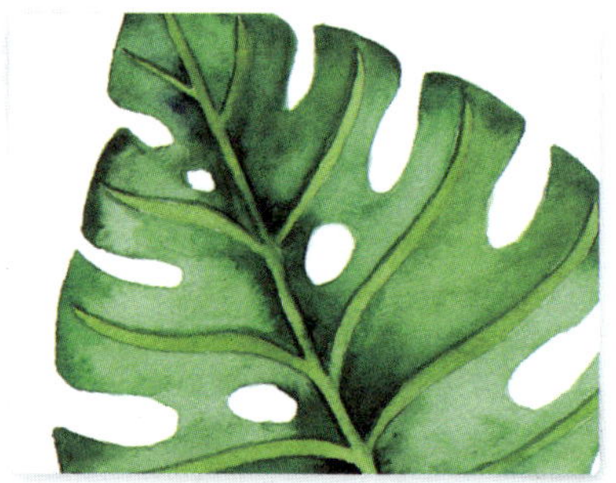

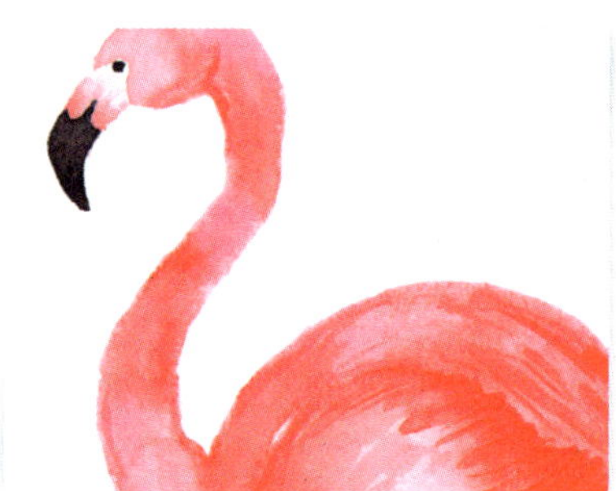

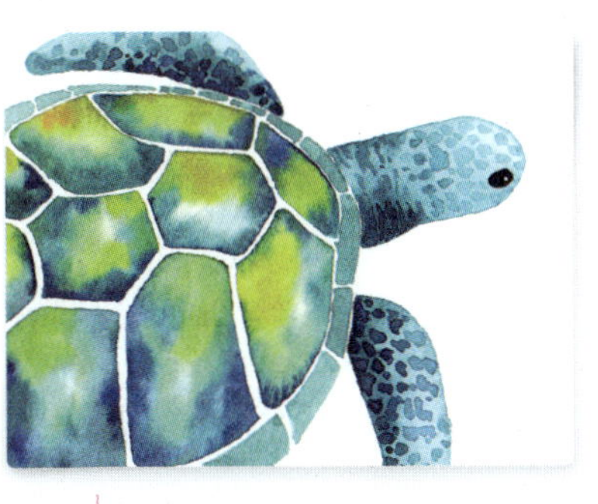

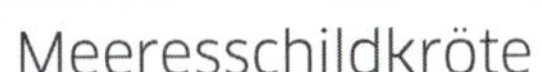

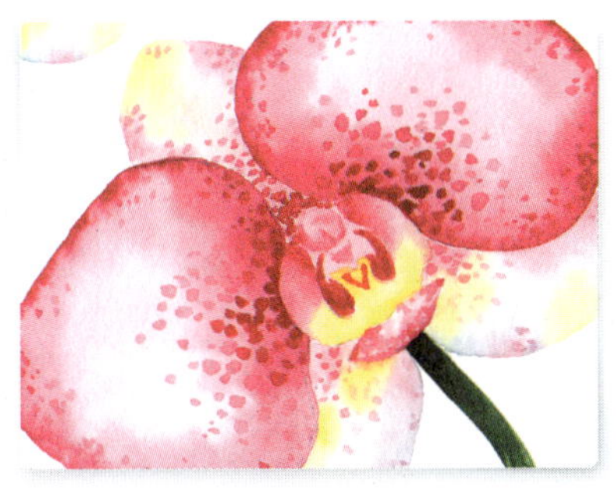

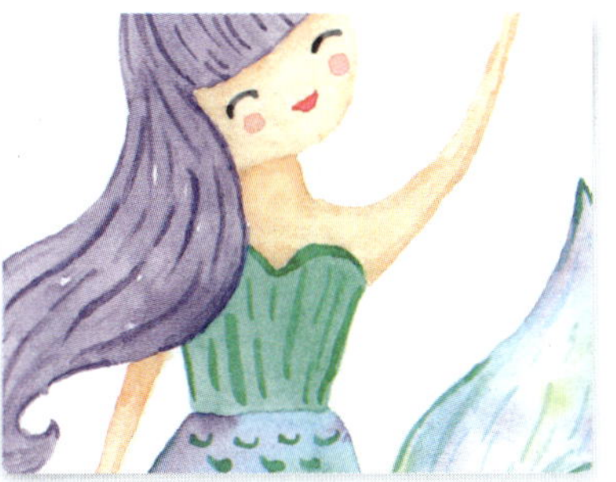

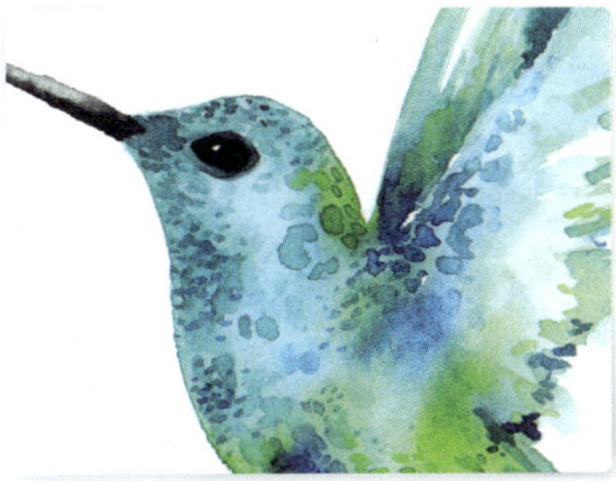

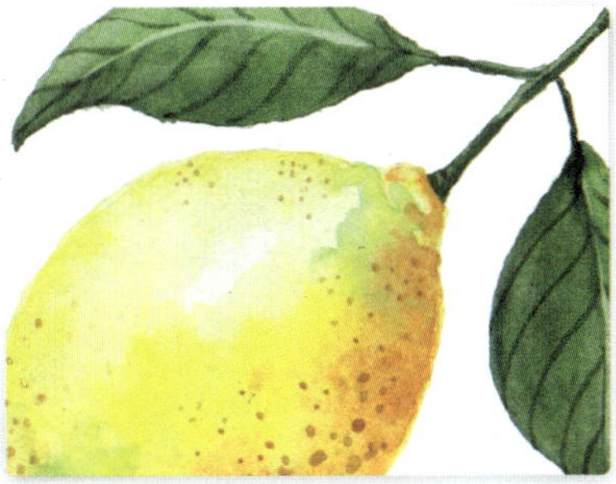

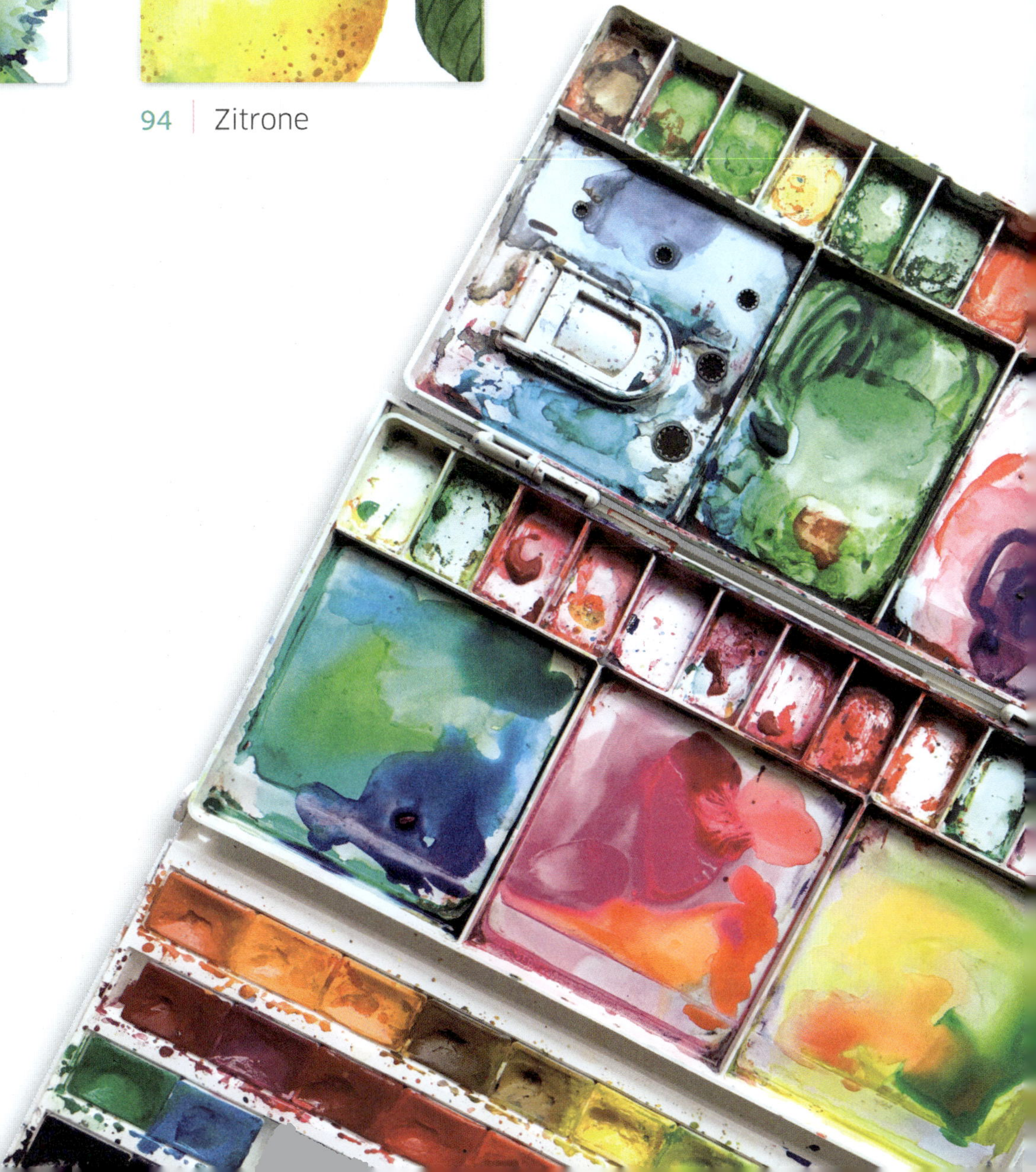

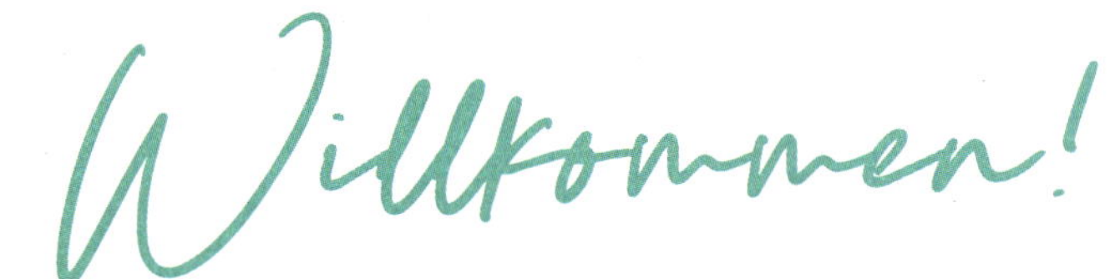

Bereits während du mithilfe dieses Buchs in die Grundlagen der Aquarelltechnik eintauchst, wirst du wunderschöne Bilder malen. Schritt für Schritt lernst du, 35 verschiedene Motive zu malen, darunter Blumen, Früchte, Tiere und vieles mehr.

Vielleicht befürchtest du, die Arbeit mit Aquarellfarben sei sehr anspruchsvoll, aber es gibt keinen Grund zur Sorge. Durch leicht verständliche Anleitungen ist der Einstieg in die Welt der Aquarellmalerei einfach und macht Spaß! Schritt für Schritt zeige ich dir den richtigen Umgang mit Aquarellfarbe und Pinsel – das Mischen von Farben und unterschiedliche Arten von Pinselstrichen eingeschlossen. Ich hoffe, dass das Aquarellieren auch dich bezaubert, deine Kreativität anregt und dir die Gelegenheit bietet, deine künstlerische Ader zu entdecken.

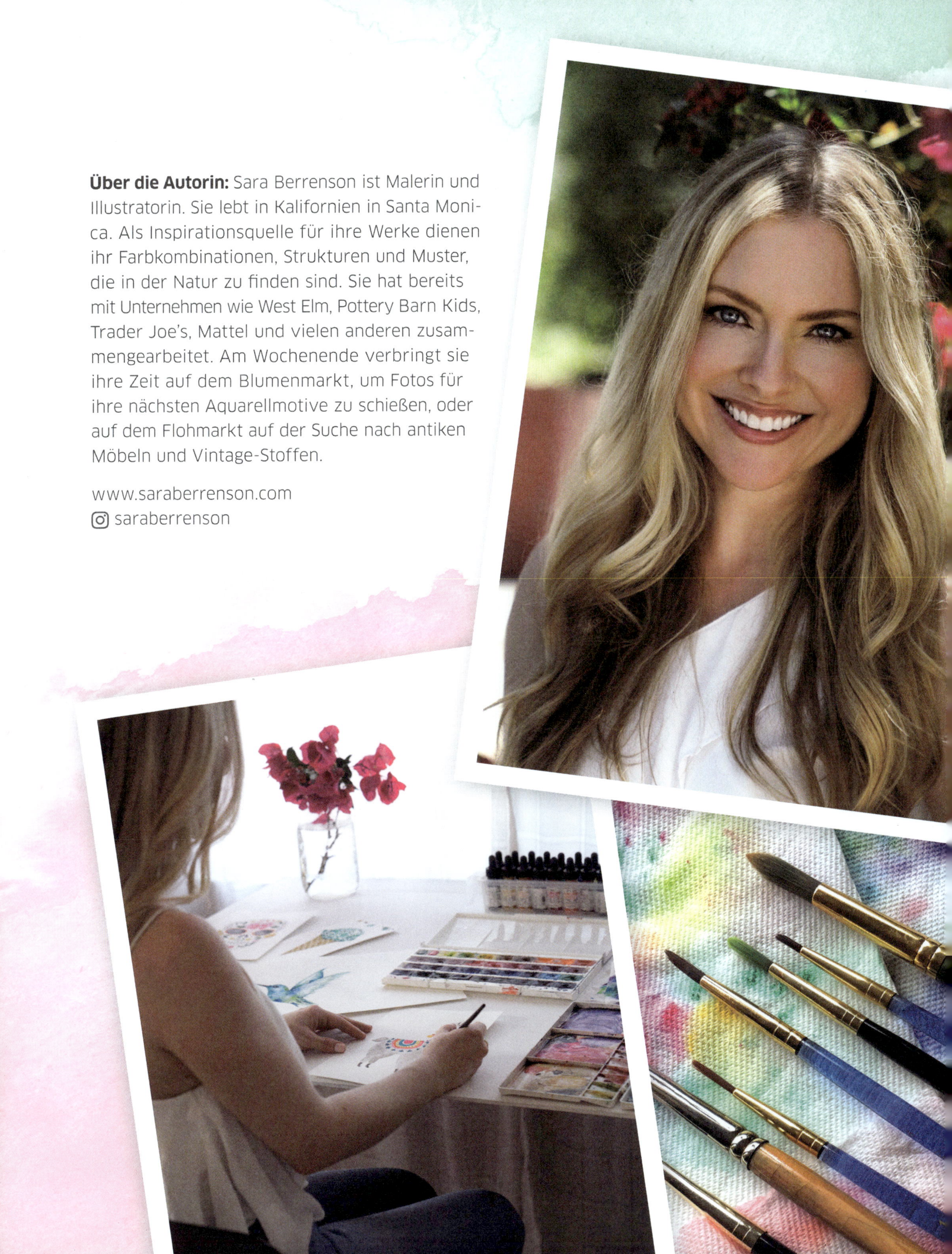

Über die Autorin: Sara Berrenson ist Malerin und Illustratorin. Sie lebt in Kalifornien in Santa Monica. Als Inspirationsquelle für ihre Werke dienen ihr Farbkombinationen, Strukturen und Muster, die in der Natur zu finden sind. Sie hat bereits mit Unternehmen wie West Elm, Pottery Barn Kids, Trader Joe's, Mattel und vielen anderen zusammengearbeitet. Am Wochenende verbringt sie ihre Zeit auf dem Blumenmarkt, um Fotos für ihre nächsten Aquarellmotive zu schießen, oder auf dem Flohmarkt auf der Suche nach antiken Möbeln und Vintage-Stoffen.

www.saraberrenson.com
saraberrenson

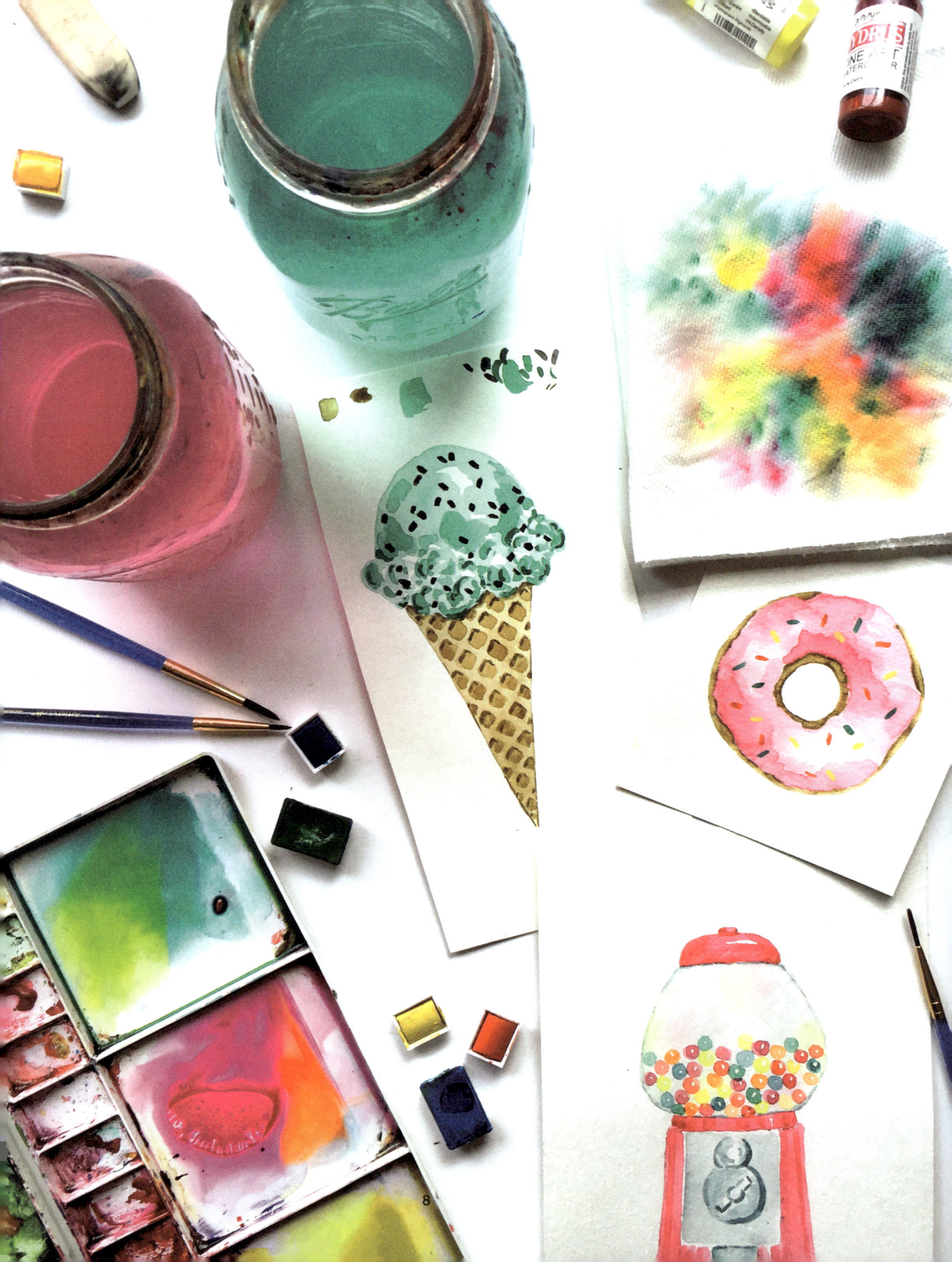

Zum Einstieg

MATERIAL

Aquarellfarben

Aquarellfarben sind in Studienqualität und in Künstlerqualität erhältlich. Die Farben in Künstlerqualität sind in der Regel hochpigmentiert und erzeugen daher intensivere Farben. Ich verwende allerdings eine Mischung verschiedenster Farben aus beiden Qualitätsstufen und war mit dem Ergebnis bisher immer zufrieden!

Aquarellfarben werden in Tuben, Näpfchen und als Flüssigkeit in Fläschchen verkauft. Ich mag Näpfchen am liebsten, weil sie sich gut transportieren lassen, aber mit den anderen Optionen lässt es sich ebenso gut arbeiten.

Pinsel

Für alle Projekte in diesem Buch habe ich runde Aquarellpinsel in verschiedenen Größen verwendet. Die Pinsel werden der Größe nach nummeriert: je höher die Zahl, desto größer der Pinsel. Größere Pinsel eignen sich gut für große Farbflächen, während kleinere Pinsel für Details zum Einsatz kommen.

Ich empfehle, Rundpinsel in den Größen 2, 3, 4, 6, 8 und 10 zu verwenden.

Papier

Ich rate dazu, kalt gepresstes Aquarellpapier in der Stärke 300 g/m² zu verwenden.

Mischpalette

Viele Aquarellkästen haben bereits eine integrierte Mischpalette, aber es ist immer schön, etwas mehr Platz zum Farbenmischen zu haben.

Ich verwende eine Palette aus Plastik, die sich auf- und zuklappen lässt. Aufgeklappt misst sie etwa 25 × 25 cm. Sie lässt sich gut transportieren und platzsparend verstauen.

Klares Wasser

Ich benutze in der Regel ein gewöhnliches Schraubglas als Gefäß. Achte darauf, das Wasser häufig zu erneuern, damit es die Farben beim Malen nicht trübt!

Küchenrolle

Lege dir Küchenpapier neben deinem Wasserglas bereit, um überschüssiges Wasser und überschüssige Farbe vom Pinsel abzustreifen.

Transfer- und Kohlepapier

Jedes Projekt in diesem Buch enthält eine Skizze, die du abpausen und dann auf das Aquarellpapier übertragen kannst.

Maskierflüssigkeit (optional)

Diese Flüssigkeit wird mit dem Pinsel aufgetragen, um das blanke Papier oder bereits gemalte Partien zu schützen. Sie weist sowohl Farbe als auch Wasser ab und lässt sich nach dem Trocknen wieder abziehen, ohne die Papieroberfläche zu beschädigen.

FARBEN

Zu jedem Projekt gibt es eine Palette mit Farbmustern, mit denen du deine Farbwahl abgleichen kannst. Es ist aber auch in Ordnung, wenn deine Farben nicht ganz mit dem jeweiligen Muster übereinstimmen. Sobald du die Grundbegriffe der Farbenlehre und des Farbenmischens kennst, kannst du selbst unendlich viele Farben mischen.

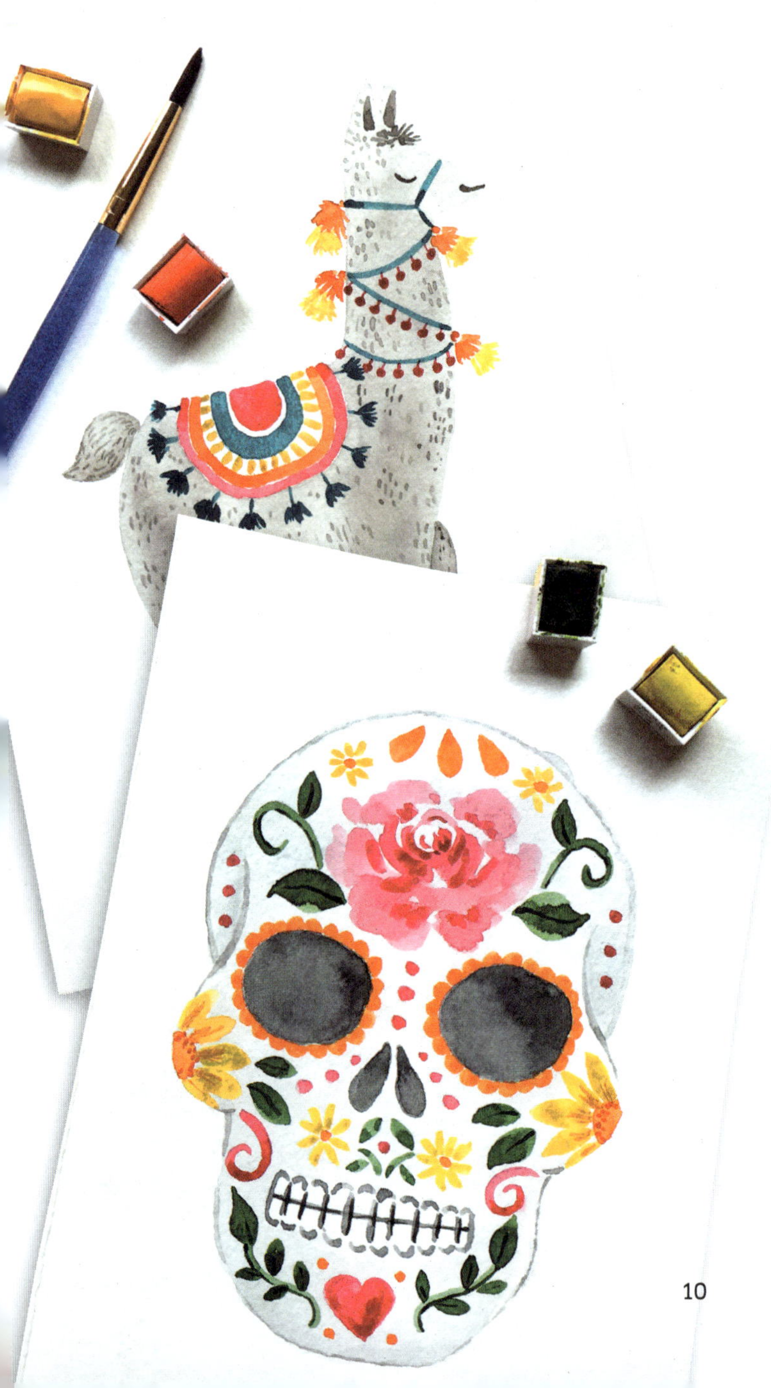

Ich empfehle, mit ein paar Grundfarben zu beginnen:

- jeweils ein warmer und ein kalter Gelb-, Rot-, Blau- und Grünton
- Violett
- Rosa
- zwei Erdtöne
- Schwarz

Ich habe außerdem fünf meiner Lieblingsfarben hinzugefügt, die ich häufig benutze. Die Farben werden mithilfe von Wasser aufgehellt – ich verwende kein Deckweiß.

Dies sind meine Vorschläge, aber zögere nicht, deine eigenen Lieblingsfarben mit aufzunehmen. Mach dir keine Sorgen, wenn die Namen auf deinen Farbtuben oder -tiegeln nicht mit den hier angegebenen übereinstimmen! Es gibt in den Bezeichnungen kleine Abweichungen zwischen den Marken. In Geschäften für Künstlerbedarf findest du für jede im Buch verwendete Originalfarbe eine Entsprechung.

Es ist eine gute Idee, von all deinen Aquarellfarben ein Farbmuster anzulegen und es mit dem Farbnamen zu beschriften. So kannst du auch bei späteren Projekten wieder darauf zurückkommen. Die Farbmuster, die du hier siehst, zeigen die Farbpalette, die ich selbst benutzt habe.

Palette der Grundfarben

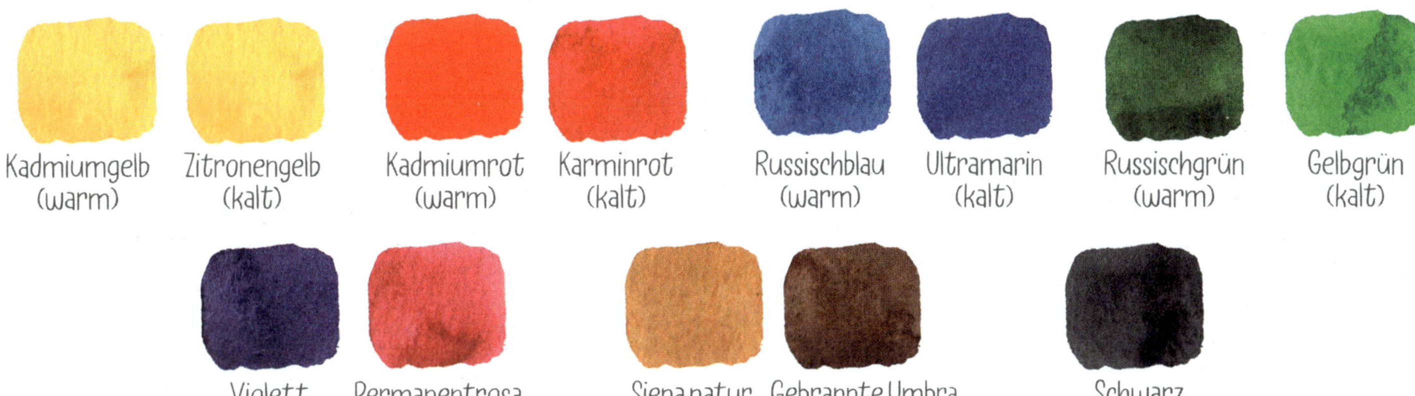

Zusätzliche Lieblingsfarben

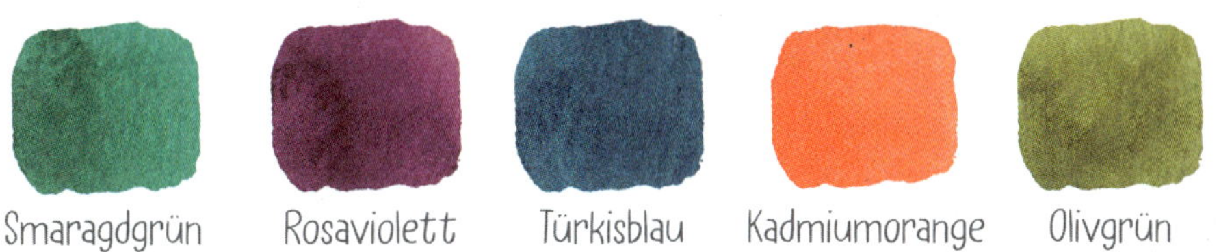

Eine Farbkarte erstellen

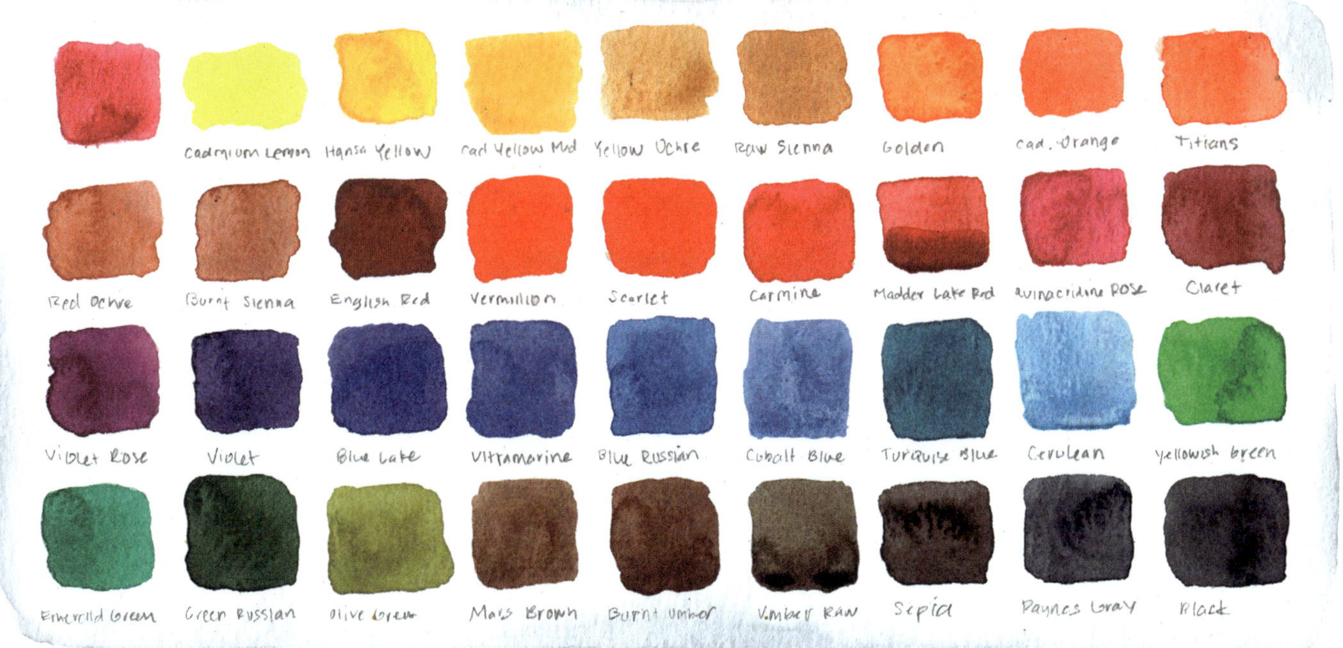

Bevor du mit dem Malen beginnst, empfiehlt es sich, eine Farbkarte zu erstellen. Male einfach mit jeder Farbe deiner Palette eine kleine Fläche und lass sie trocknen. So hast du deine Farbauswahl greifbar, wann immer du aquarellierst. Oben siehst du die Farbkarte, die ich bei der Arbeit an diesem Buch benutzt habe, inklusive aller Abkürzungen, Kritzeleien – und Schreibfehler!

FARBEN MISCHEN

Dein Aquarellkasten mag zwar bereits viele Farben enthalten, trotzdem ist es nützlich, die Grundlagen der Farbenlehre zu kennen, um selbst individuelle Farben mischen zu können. Lass uns mit dem Farbkreis beginnen.

Grund- oder Primärfarben: Rot, Gelb und Blau sind die Grundfarben. Sie bestehen nur aus einer Farbe und sind die Grundbestandteile aller anderen Farben.

Sekundärfarben: Orange, Grün und Violett sind die Sekundärfarben. Alle Sekundärfarben bestehen aus zwei Grundfarben.

Tertiärfarben: Gelborange, Rotorange, Rotviolett, Blauviolett, Blaugrün und Gelbgrün sind die Tertiärfarben. Sie entstehen durch das Mischen von einer Primärfarbe mit einer Sekundärfarbe.

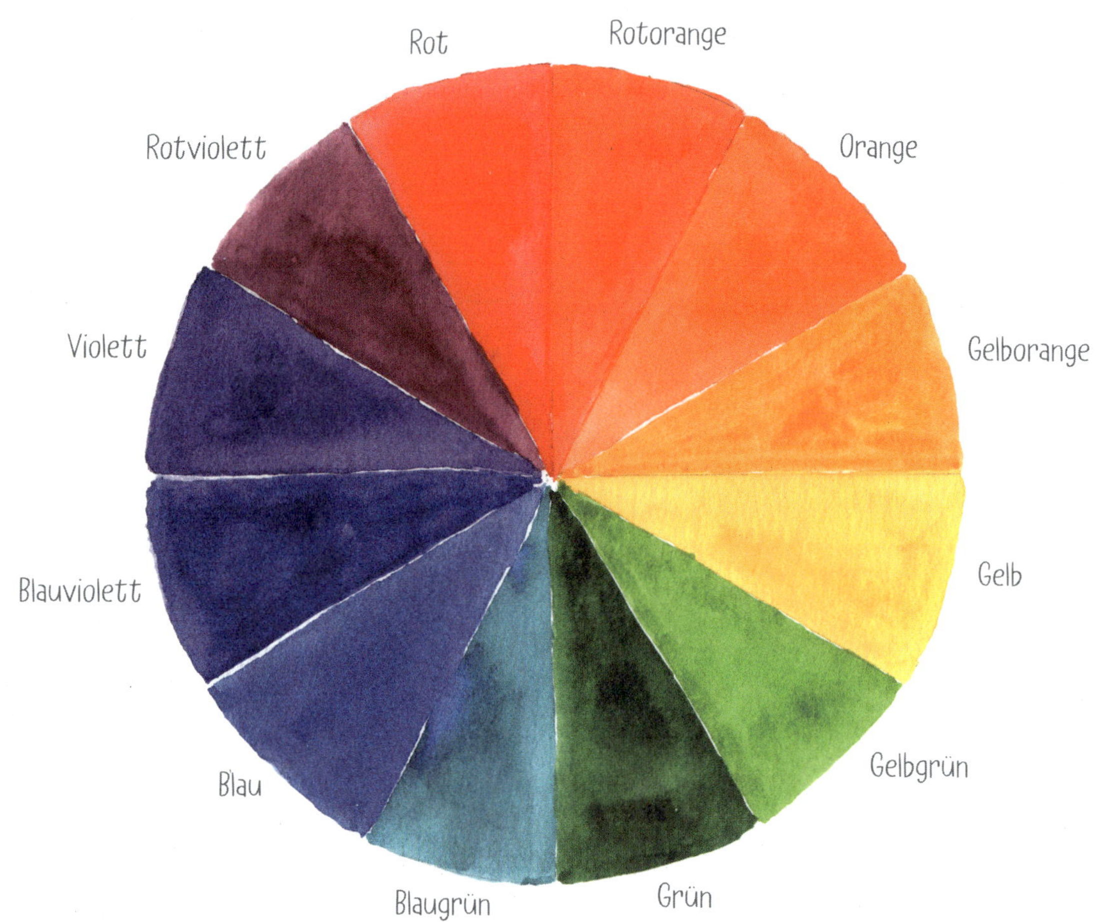

Primärfarben

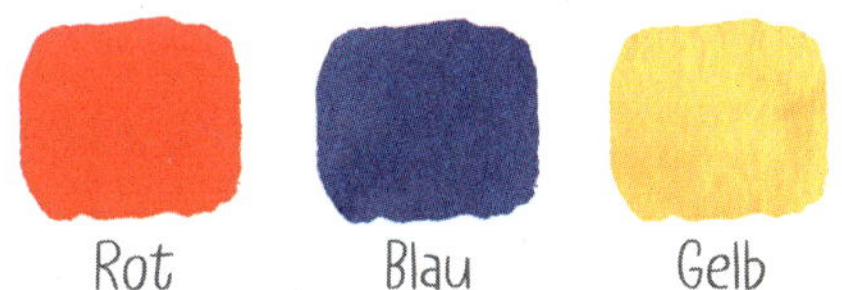

Sekundärfarben mischen

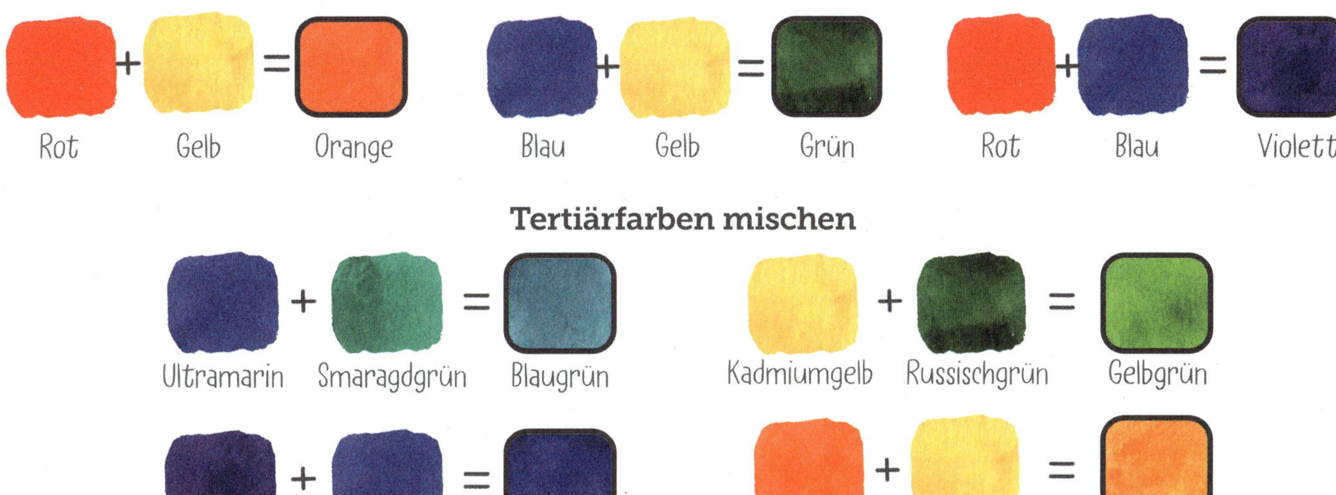

Tertiärfarben mischen

Ultramarin + Smaragdgrün = Blaugrün

Kadmiumgelb + Russischgrün = Gelbgrün

Violett + Ultramarin = Blauviolett

Kadmiumorange + Kadmiumgelb = Gelborange

Karminrot + Violett = Rotviolett

Kadmiumrot + Kadmiumorange = Rotorange

Ich habe hier genau angegeben, welche Farben ich verwendet habe, um bestimmte Mischfarben zu erhalten. Jede Farbe ist in verschiedenen Nuancen erhältlich, die einen wärmeren oder kälteren Unterton besitzen. Eine gute Faustregel, um beim Mischen möglichst leuchtende Farben zu erhalten, ist: Kalte Farben mit kalten Farben und warme Farben mit warmen Farben mischen. Aus einem kalten Rot und einem kalten Blau entsteht beispielsweise ein kräftiges Violett. Mischst du dagegen ein warmes Rot mit einem kalten Blau, entsteht ein trüberes Violett, das nur wenig Strahlkraft besitzt.

Farben abdunkeln

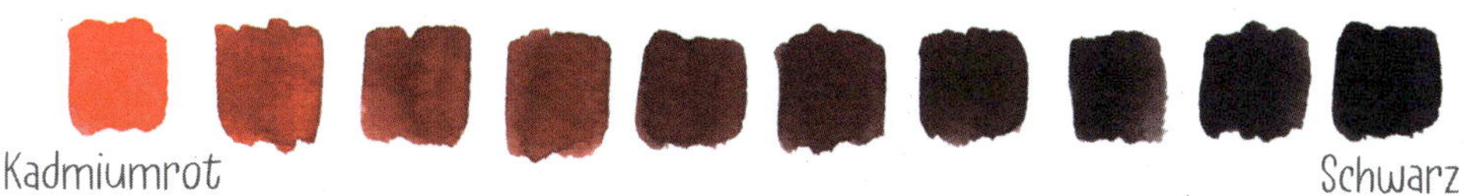

Um eine Farbe abzudunkeln, fügst du eine kleine Menge Schwarz hinzu. Im Beispiel oben habe ich mit reinem Kadmiumrot begonnen. Dann habe ich schrittweise mehr Schwarz hinzugefügt, bis ich beim dunkelsten Rotton angelangt war.

Übe mit deinen Aquarellfarben, verschiedene Farbmischungen zu kreieren. Das kann wirklich Spaß machen! Diese Übung schult dein Gefühl für die Farben und deren potenzielle Einsatzmöglichkeiten.

Aquarell-Basics

Aquarellfarben sind Wasserfarben, die durch eine große Menge an Farbpigmenten besonders hochwertig sind. Sie sind transparent und entfalten ihre Wirkung in Verbindung mit Wasser. Die Veränderung des Mischungsverhältnisses wird in der Aquarellmalerei genutzt, um bestimmte Effekte zu erreichen.

Experimentiere mit deinen Aquarellfarben, um ein Gefühl dafür zu bekommen, wie sie sich verhalten. In diesem Beispiel habe ich verschiedenfarbige Kreisflächen gemalt. Wie du siehst, laufen die Farben an den Stellen ineinander, an denen sich die Kreise berühren. Wenn nasse Farbe mit einer anderen nassen Farbfläche in Berührung kommt, vermischen sich die Farben.

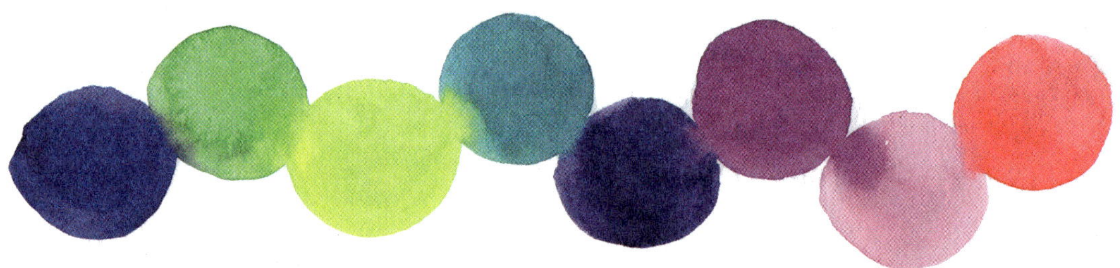

TECHNIKEN

Nass auf Trocken

Bei der Nass-auf-Trocken-Technik wird die Farbe auf trockenen Malgrund aufgetragen, sei es trockenes Papier oder eine bereits getrocknete Farbschicht.

Da der Untergrund trocken ist, musst du darauf achten, dass der Pinsel ausreichend befeuchtet ist, damit die Farbe sich gleichmäßig auftragen lässt. Verwendest du wenig Wasser, bleiben Pinselspuren sichtbar.

Welche Wassermenge ist also die richtige? Das kommt darauf an, wie dunkel oder hell die Farbe werden soll! Je mehr Wasser du verwendest, desto transparenter – also weniger deckend – und heller wird die Farbe. Mit weniger Wasser entsteht ein besser deckender Farbauftrag und ein intensiveres, dunkleres Ergebnis.

Unten siehst du die Farbe Violett, die schrittweise mit immer mehr Wasser vermischt wurde.

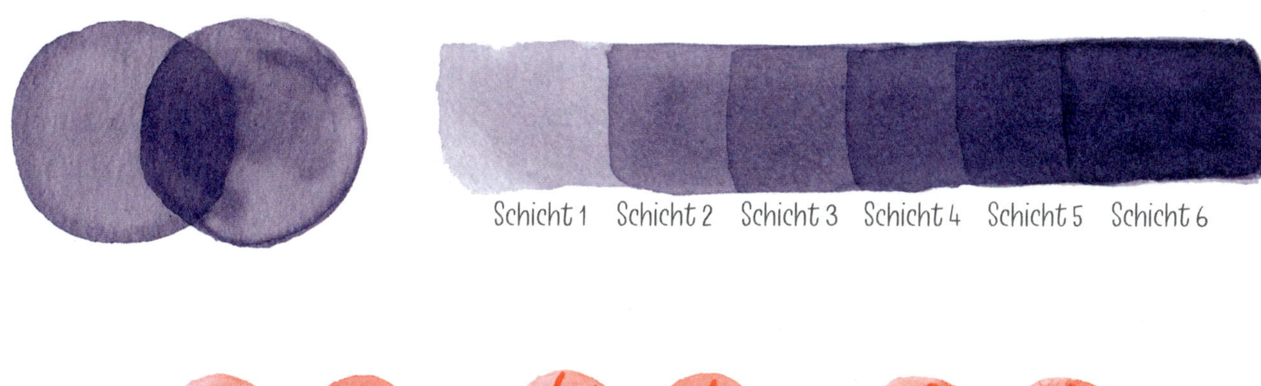

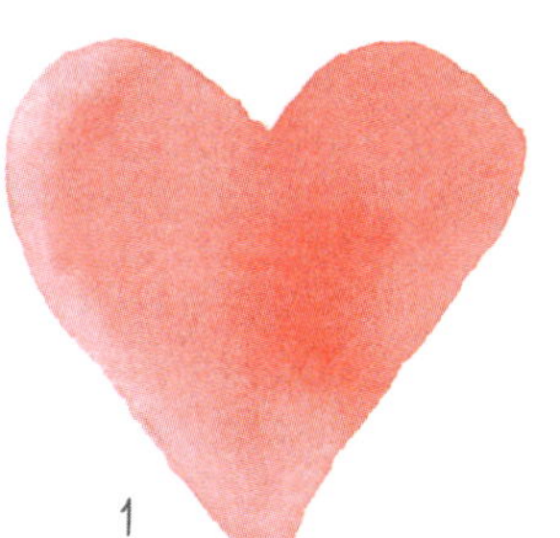
1

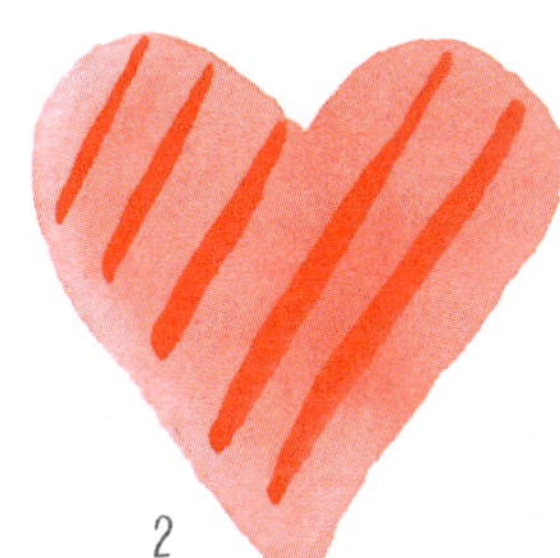
2

3

Lasieren

Du kannst Aquarellfarbe auch in Schichten aufbringen. Dazu trägst du eine nasse auf eine trockene Farbschicht auf. Dieser Vorgang wird „Lasieren" genannt. Aquarellfarben sind transparent. Das bedeutet, dass du durch das Lasieren einen dunkleren Farbton erzeugen kannst.

Im ersten Beispiel oben sind zwei sich überlappende kreisrunde Farbflächen zu sehen. Dort, wo die zweite Schicht über der ersten Farbschicht liegt, ist die Fläche dunkler.

Das zweite Beispiel zeigt, was passiert, wenn mehr und mehr Farbschichten übereinandergelegt werden. Ich habe mit einem langen Strich begonnen. Dann habe ich eine Schicht nach der anderen darübergelegt und so die Farbintensität immer weiter erhöht. Du kannst beobachten, wie die Farbe immer dunkler wird, je mehr Schichten aufgetragen werden.

Details hinzufügen

Du kannst das Lasieren auch einsetzen, um Details herauszuarbeiten.

1. Eine erste Schicht aus roter Farbe bildet das Herz.

2. Sobald es vollständig getrocknet ist, werden die Streifen hinzugefügt. Diese zweite Schicht setzt sich deutlich von der ersten ab.

3. Wenn du die Farbe vor dem Auftragen der zweiten Schicht nicht trocknen lässt, verlaufen die Schichten ineinander.

Weiche Übergänge

Mithilfe dieser Technik entstehen fließende Übergänge zwischen Farbschichten.

Wenn du die Kanten der zweiten und der dritten Schicht nicht verwäschst, bleiben harte Übergänge zurück. Das ist in manchen Fällen so gewollt, jedoch nicht, wenn eine glatte runde Form entstehen soll. Das erste Beispiel zeigt die beiden Schichten mit hartem Übergang, das zweite mit weichem.

So erzeugst du weiche Übergänge durch Verwaschen: Die erste Schicht auftragen und vollständig trocknen lassen. Die zweite Schicht darüberlegen. Den Pinsel in Wasser tauchen und die restliche Farbe auswaschen. Mit dem Pinsel und klarem Wasser die gerade aufgetragene Farbe entlang der Kanten verwaschen. Die Farbe mit dem Wasser in die gewünschte Richtung verstreichen.

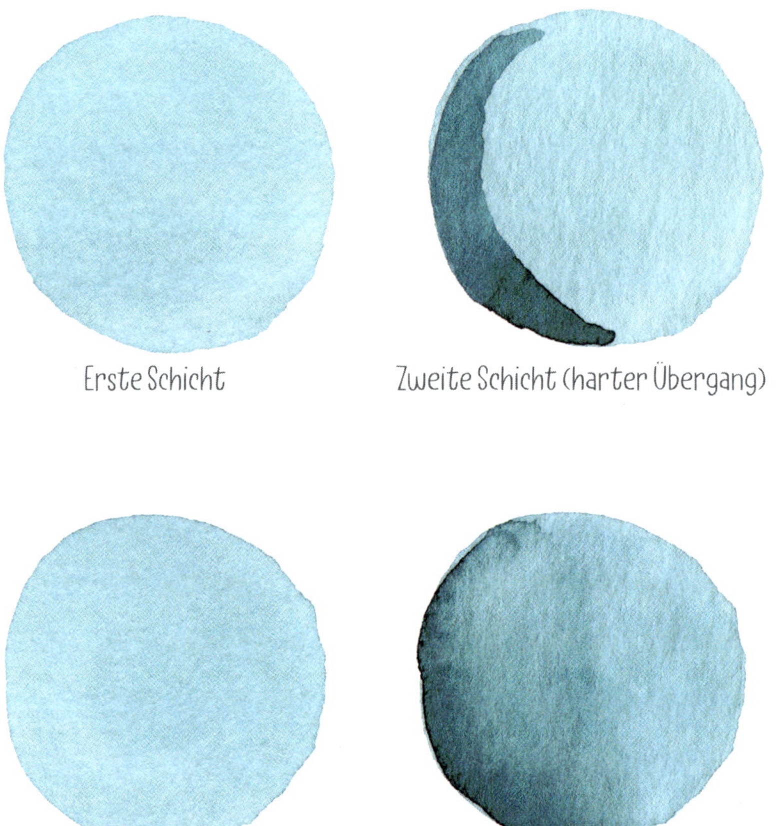

Erste Schicht

Zweite Schicht (harter Übergang)

Erste Schicht

Zweite Schicht (weicher Übergang)

Nass in Nass

Bei der Nass-in-Nass-Technik wird die Farbe auf einen bereits nassen Malgrund aufgetragen. Das Malen auf feuchtem Untergrund ist weniger gut kontrollierbar als das Malen auf trockenem Untergrund. Die Ergebnisse können unberechenbar sein, aber glückliche Zufälle und unerwartete Entdeckungen machen den Reiz der Technik aus! Ich habe die Technik in diesem Buch häufig zum Einsatz gebracht.

Es gibt zwei Möglichkeiten Nass in Nass zu malen:

1. Das Papier wird vor dem Malen mit Wasser angefeuchtet.

2. Zusätzliche Farbe wird auf noch feuchte Farbflächen aufgetragen.

Malen auf feuchtem Papier

Das Papier mit einem Pinsel mit einer Schicht Wasser überziehen. Wenn du das Papier neigst, sollte es feucht aussehen und glänzen. Wenn das Papier beginnt, sich zu wölben und Wellen zu schlagen, kann es sein, dass du zu viel Wasser aufgetragen hast. Mit der Zeit bekommst du ein Gefühl für die richtige Wassermenge.

Dann etwas Farbe auf den Pinsel aufnehmen und damit das noch feuchte Papier berühren. Die Farbe verläuft auf dem nassen Papier. Füge Farben hinzu und beobachte den entstehenden Effekt. Mit dem Pinsel kannst du das Wasser und die Farbe auf dem Papier bewegen, um zu beeinflussen, wie sie sich verteilt.

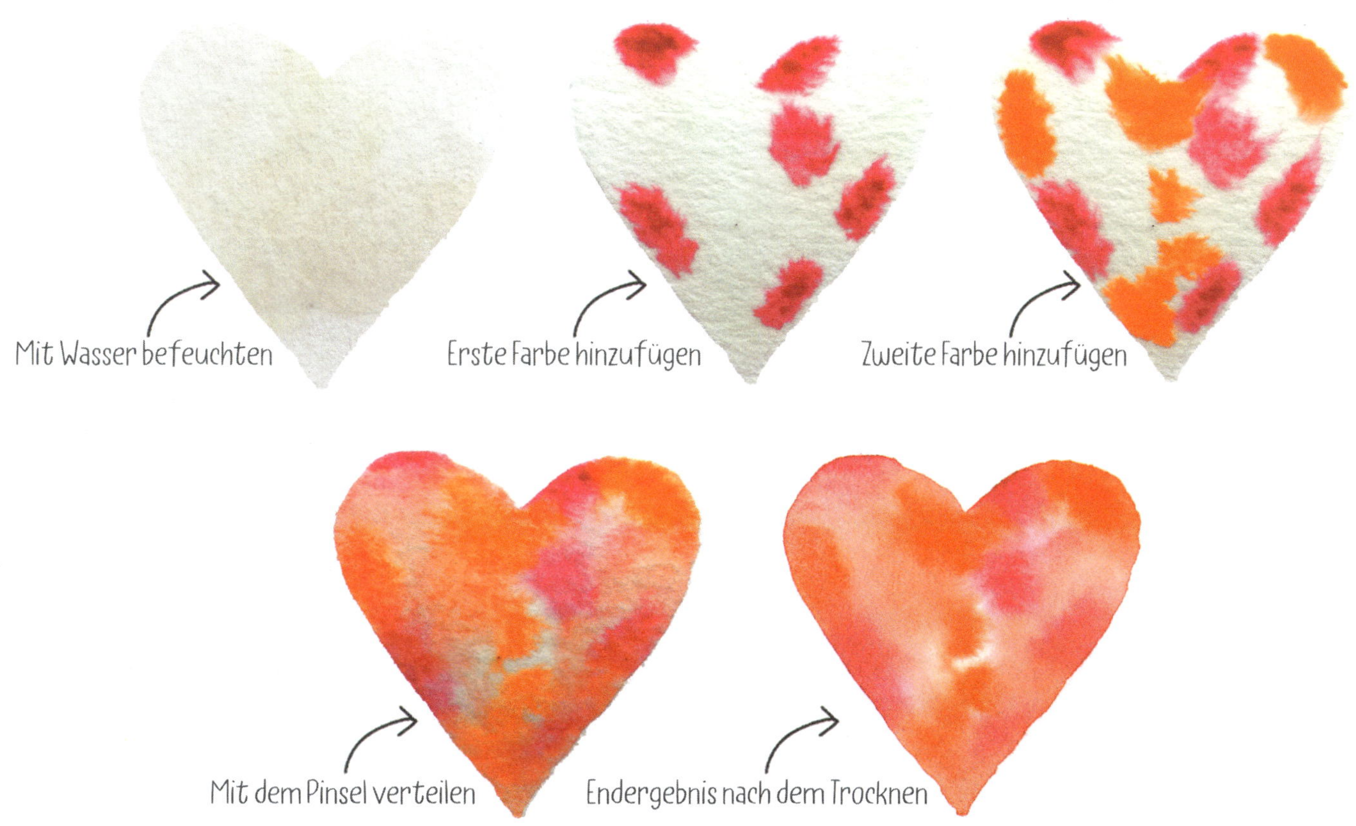

Nasse Farbe hinzufügen

Befeuchte einen Teil des Papiers, indem du es mit einer Farbschicht überziehst. Dann mit dem Pinsel eine weitere Farbe aufnehmen und damit die noch feuchte Farbfläche berühren.

Die neue Farbe verläuft mit der bereits aufgetragenen Farbschicht. Auch hier kannst du die Fließrichtung von Wasser und Farbe mithilfe deines Pinsels beeinflussen.

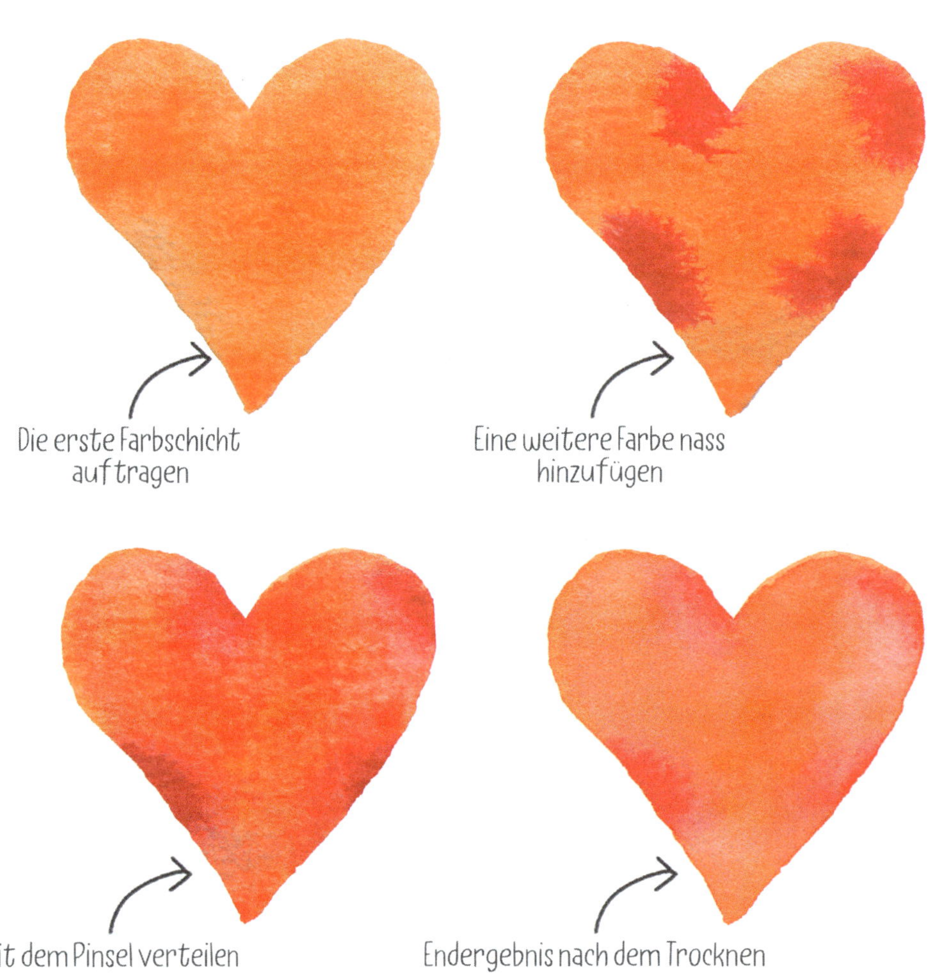

Farbe abnehmen

Beim Aquarellmalen kann es passieren, dass du aus Versehen eine zu dunkle Farbschicht aufgetragen hast. Aquarellfarben lassen sich nicht ausradieren, aber solange die Farbe noch feucht ist, lässt sich ein Teil der Farbe mithilfe eines trockenen Pinsels wieder abnehmen. Wasche deinen Pinsel dafür zunächst gründlich aus. Streife ihn dann am Küchenpapier ab, um das Wasser zu entfernen. Den Pinsel anschließend in die zu dunkel geratene feuchte Farbe auf dem Papier halten. Die trockenen Borsten des Pinsels saugen einen Teil der Pigmente auf.

Lavieren

Eine Lavierung ist in der Aquarellmalerei eine flächig aufgetragene transparente Farbschicht. Auf dieser Seite siehst du drei verschiedene Arten von Lavierungen.

Beim ersten Beispiel wird die Farbe gleichmäßig über die Fläche verteilt. Tränke den Pinsel mit viel Wasser und Farbe. Arbeite dich von oben nach unten über das Papier, indem du den Pinsel in horizontalen Bewegungen hin und her bewegst. Nimm mehr Farbe auf den Pinsel, sobald die Farbe auf dem Papier beginnt, heller zu werden, und setze ihn dort wieder auf, wo du aufgehört hast.

Das zweite Beispiel zeigt eine abgestufte Lavierung. Hier entsteht ein Verlauf von dunkel nach hell. Tränke den Pinsel mit viel Wasser und Farbe. Arbeite dich von oben nach unten über das Papier, indem du den Pinsel in horizontalen Bewegungen hin und her bewegst. Je weniger Farbpigmente der Pinsel abgibt, desto heller wird die Farbe auf dem Papier. Dadurch entsteht eine graduelle Farbabstufung von dunkel zu hell.

Bei einem zweifarbigen Farbverlauf, wie er im dritten Beispiel zu sehen ist, geht eine Farbe in eine andere über. Beginne oben auf dem Papier mit der ersten Farbe und arbeite dich nach unten. Nimm anschließend eine zweite Farbe auf und setze diese auf dem Papier direkt unter die erste. Die beiden Farben verlaufen nun ineinander.

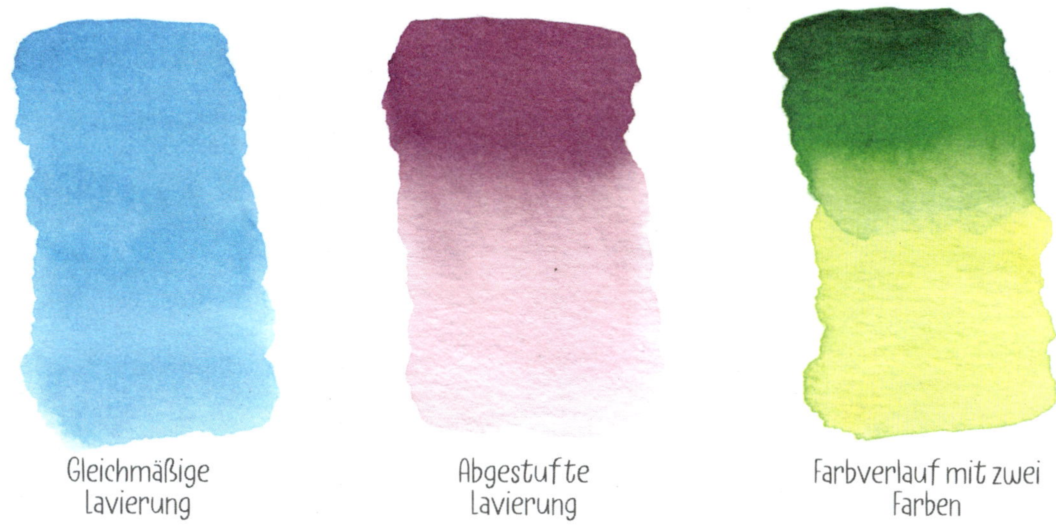

Gleichmäßige Lavierung

Abgestufte Lavierung

Farbverlauf mit zwei Farben

Pinselführung

Linien

Pinsel sind der Größe nach nummeriert. Je höher die Nummer, desto dicker der Pinsel. Wie du unten siehst, kannst du mit jeder Pinselstärke unterschiedlich breite Linien malen. Wenn du die Spitze des Pinsels benutzt und nur leicht aufdrückst, erhältst du feine Linien. Je fester du beim Malen den Pinsel aufdrückst, desto breiter wird die Linie.

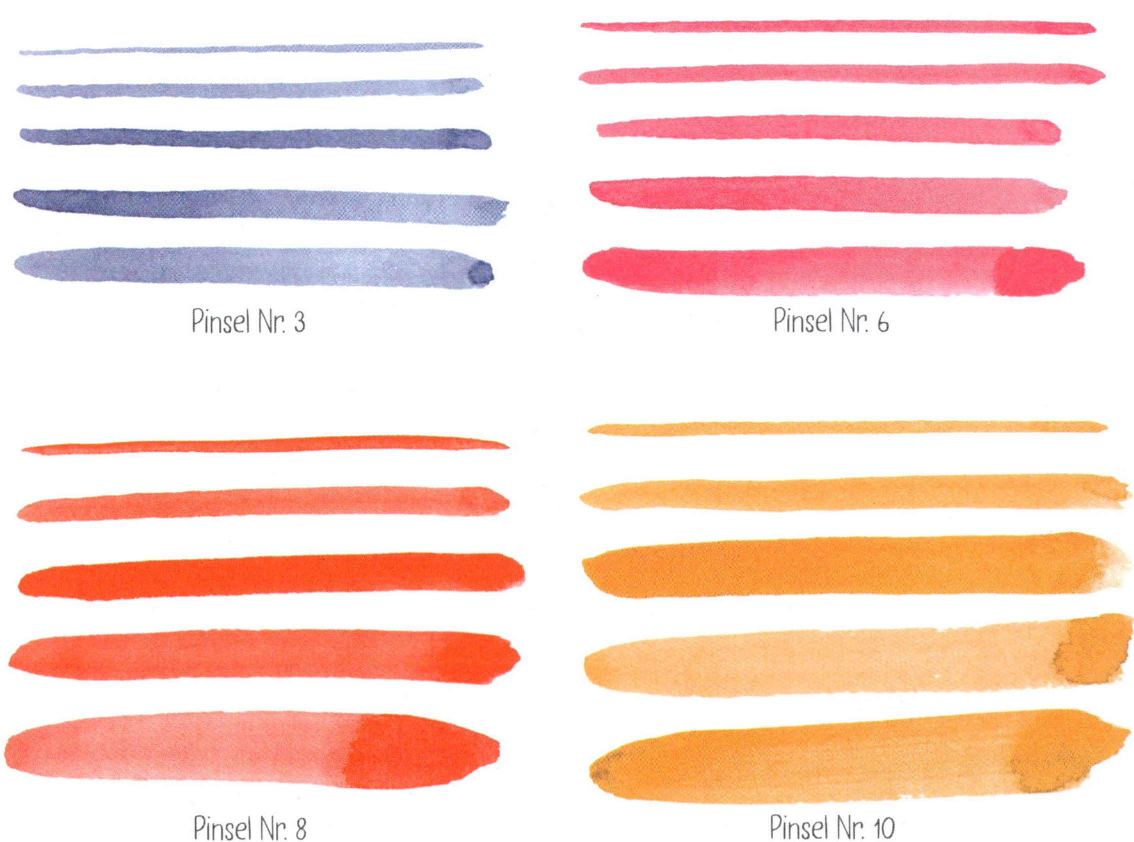

Pinselstriche

Pinselstriche können sehr unterschiedlich aussehen. Probiere unterschiedliche Möglichkeiten aus. Ob feine Linie, kurze Striche oder Wellenlinien: Alles ist möglich!

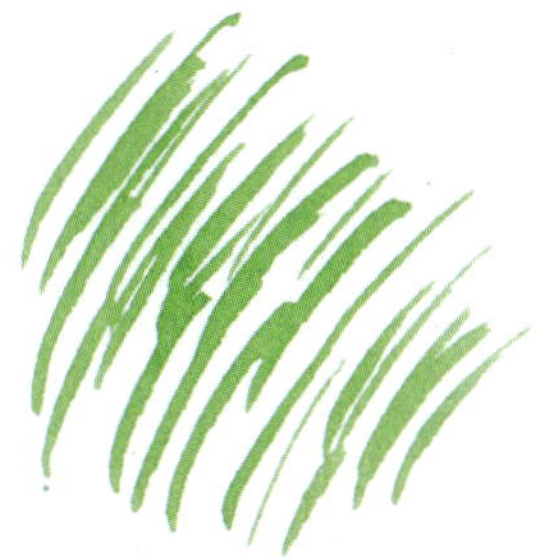

Diese Pinselstriche eignen sich gut für feine Linien, zum Beispiel für die Flügel eines Vogels oder für eine Pflanze mit zarten Blättern.

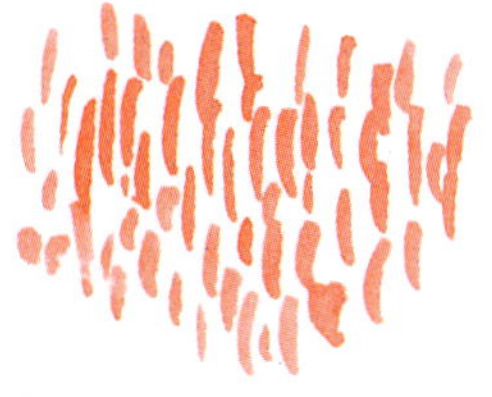

Mit solchen kurzen, zarten Pinselstrichen lässt sich die Struktur von Fell gut abbilden.

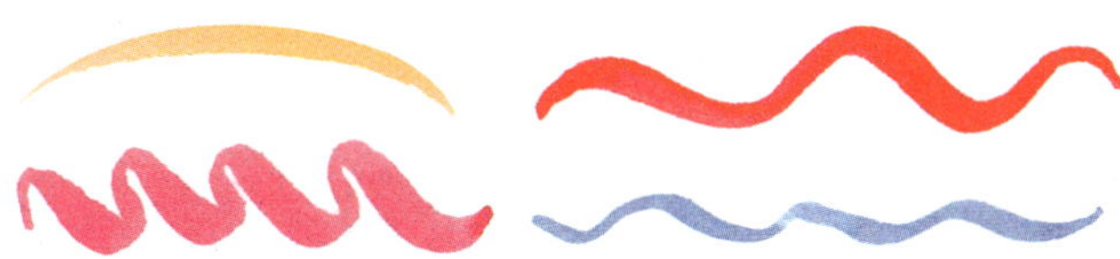

Tobe dich aus und experimentiere mit geschwungenen Linien und Schnörkeln, um ein Gefühl für die unterschiedlichen Möglichkeiten zu entwickeln.

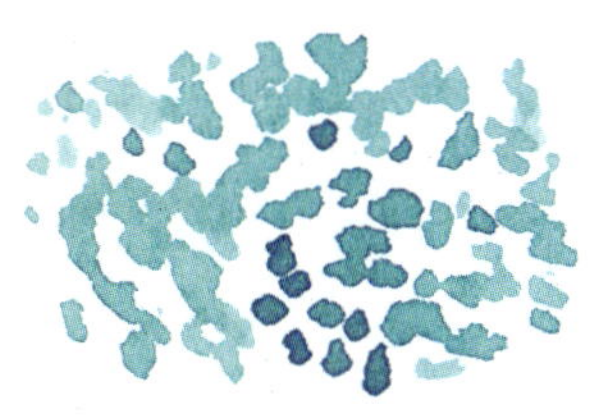

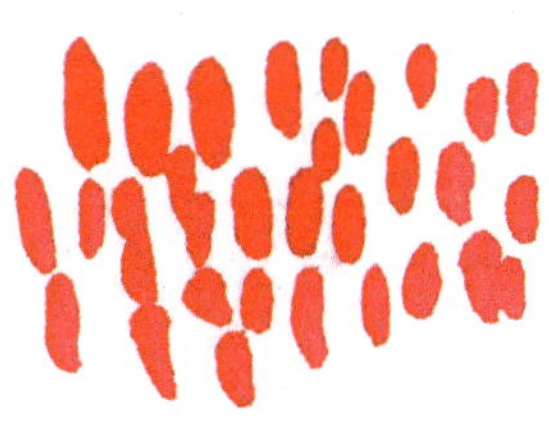

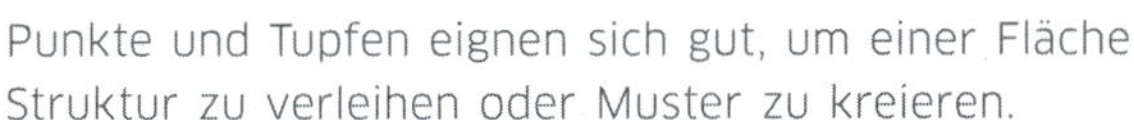

Punkte und Tupfen eignen sich gut, um einer Fläche Struktur zu verleihen oder Muster zu kreieren.

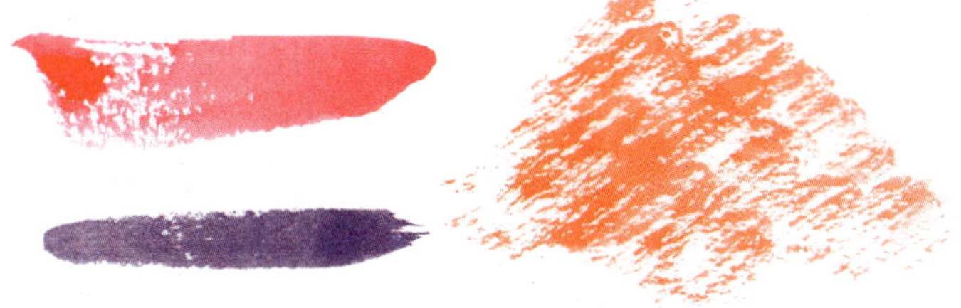

Diese Aquarelltechnik wird als „Granulieren" bezeichnet. Dabei wird kaum Wasser, aber eine ordentliche Menge Farbe auf den Pinsel genommen. Der entstehende Effekt eignet sich gut, um Flächen zu strukturieren.

Laubblätter

Einzelne Laubblätter zu malen, kann viel Spaß machen und oftmals sind für ein einzelnes Blatt nur ein bis zwei Pinselstriche nötig. Durch die Veränderung des Winkels, in dem der Pinsel angesetzt wird, und des Drucks lassen sich die verschiedensten Formen erzeugen.

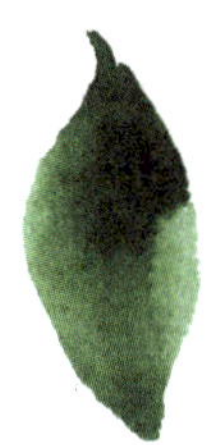

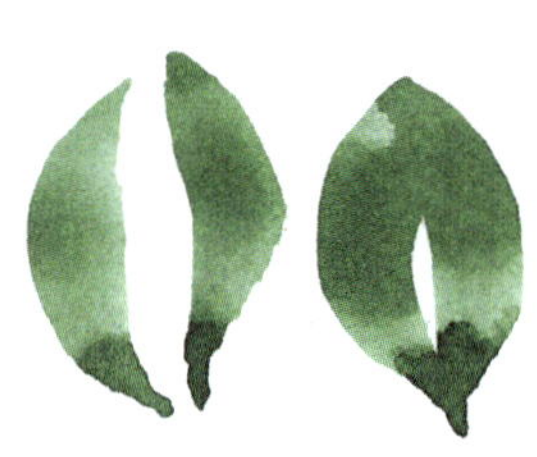

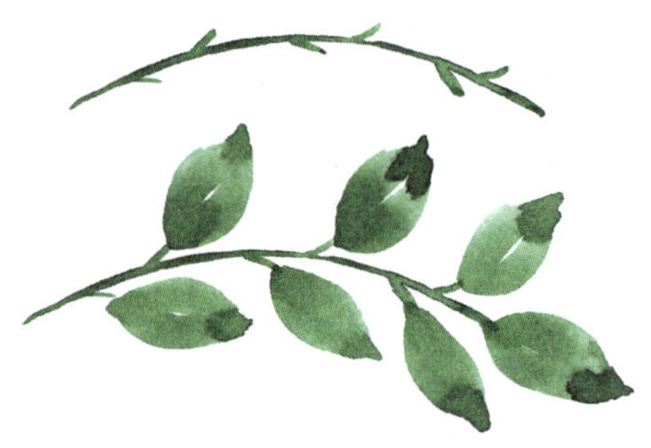

Um eine Blattform zu malen, die Pinselspitze auf das Papier setzen, den Pinsel schräg auf das Papier drücken, über das Papier ziehen und dabei langsam wieder abheben, bis nur noch die Spitze das Papier berührt. So entsteht eine in der Mitte breite Blattform, die an den Enden schmal zusammenläuft.

Für ein Blatt mit einem weißen Strich in der Mitte wiederholst du den Pinselstrich wie beschrieben, aber diesmal beschreibst du eine leichte Kurve. Wiederhole das Gleiche spiegelgleich auf der anderen Seite. Wenn sich die Farbflächen oben und unten berühren, entsteht ein Laubblatt, wie es oben rechts zu sehen ist.

Wenn du noch einen Stiel hinzufügst, entsteht ganz schnell ein Zweig mit Blättern.

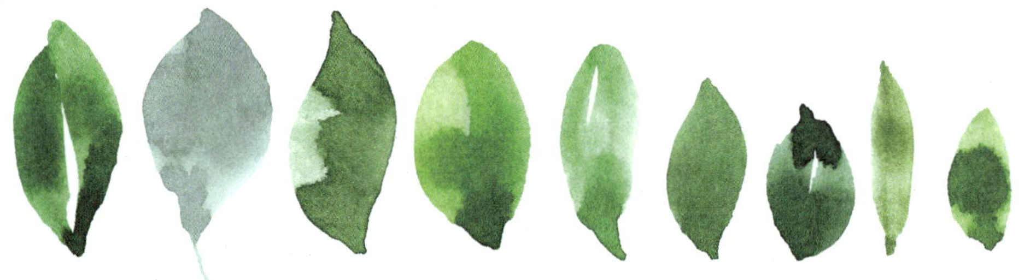

Experimentiere mit verschiedenen Pinselstrichen, um eine Vielfalt unterschiedlicher Blätter und Zweige zu malen.

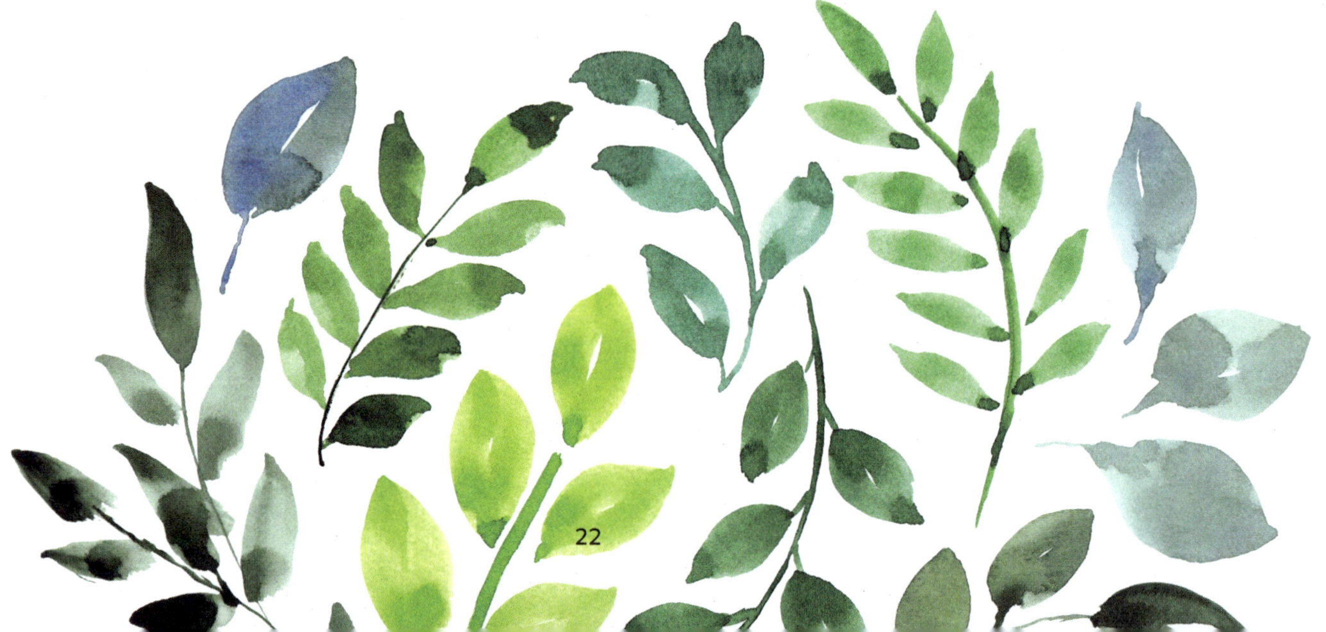

Blütenblätter

Um ein Blütenblatt zu malen, die Pinselspitze auf das Papier setzen und bis zur Mitte des Blütenblatts über das Papier ziehen. Nun den Pinsel senkrecht auf das Papier drücken und anschließend wieder über das Papier ziehen, wobei du ihn langsam wieder anhebst, bis nur noch die Spitze das Papier berührt. So entsteht eine Blütenblattform, die in der Mitte breit ist und an den Enden schmal zusammenläuft.

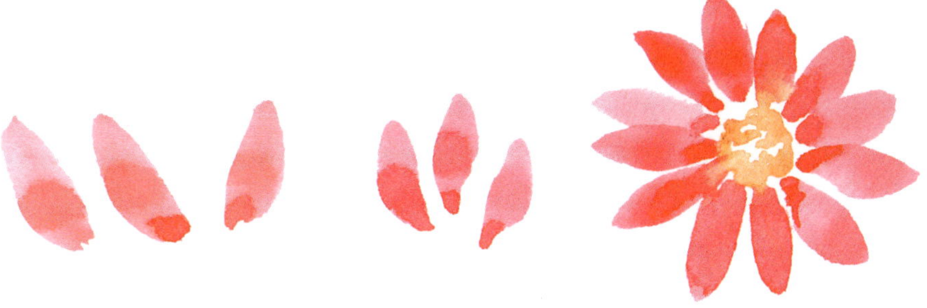

Mit der gleichen Technik, die wir für die Laubblätter eingesetzt haben, lassen sich auch einzelne Blüten kreieren. Aus nur einem Pinselstrich entsteht ein Blütenblatt. Durch die Variation von Druck und Winkel, in dem der Pinsel angesetzt wird, lassen sich unterschiedlich geformte Blütenblätter erzeugen.

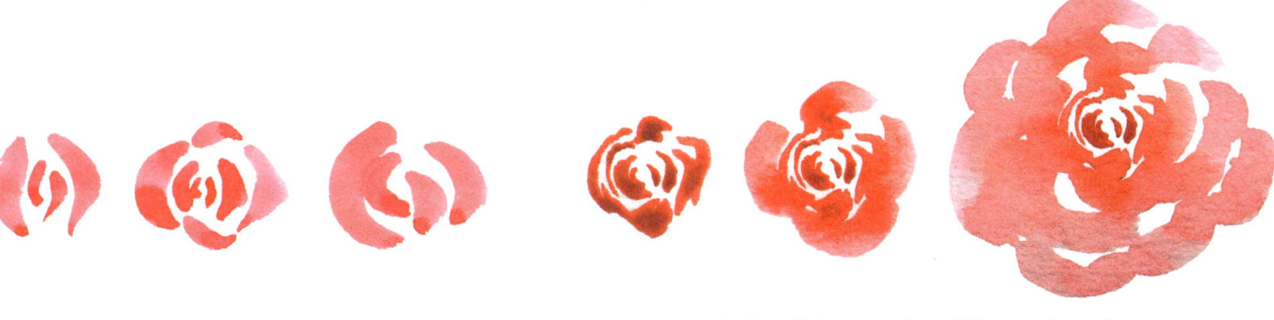

Wenn du den Pinselstrich etwas krümmst, eignet sich diese Technik ebenfalls zum Malen von Rosenblättern.

Arbeite dich von der Mitte nach außen voran, um eine ganze Rosenblüte zu malen.

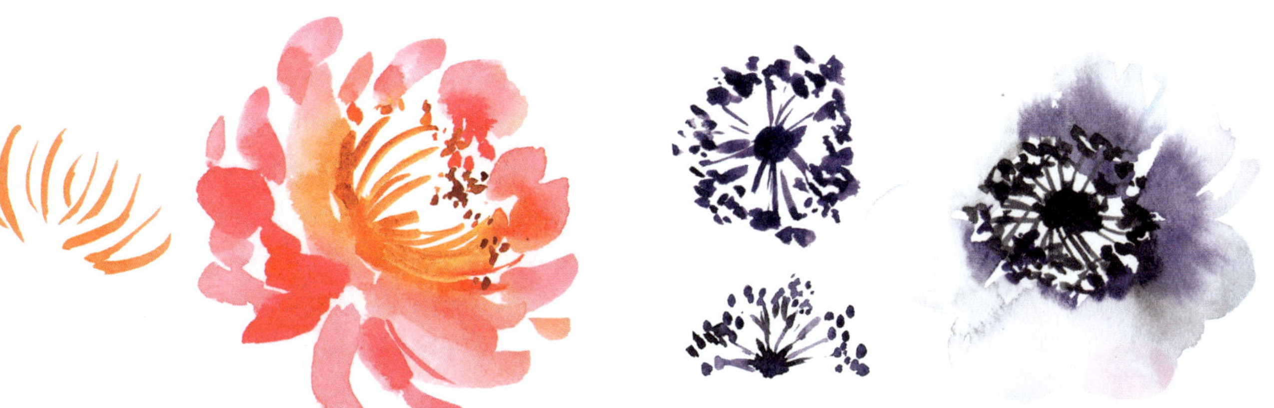

Sehr feine gebogene Pinselstriche eignen sich ausgezeichnet, um das Innere vieler Blüten zu gestalten.

Durch das Kombinieren von feinen Strichen mit kleinen Punkten entsteht eine schöne Variation von der Mitte vieler Blüten, insbesondere bei Mohnblumen.

Projekte
IN AQUARELLTECHNIK

Jetzt, da die Grundlagen sitzen, ist es an der Zeit, mit dem Malen zu beginnen!

Dieser Abschnitt enthält 35 Projekte in Aquarellmalerei. Du wirst lernen, wunderschöne Blüten und Tiere sowie weitere tolle Motive zu malen. Jedes Projekt enthält eine handgezeichnete Vorlage des Motivs, die du auf dein Blatt übertragen oder an der du dich beim Malen orientieren kannst; zudem Empfehlungen für die Wahl des Pinsels, einen Vorschlag für passende Farbtöne und eine illustrierte Schritt-für-Schritt-Erklärung des Malprozesses.
Die fertigen Bilder kannst du rahmen und aufhängen oder daraus hübsche Karten und Geschenke basteln. Der Fantasie sind keine Grenzen gesetzt.

Los geht's!

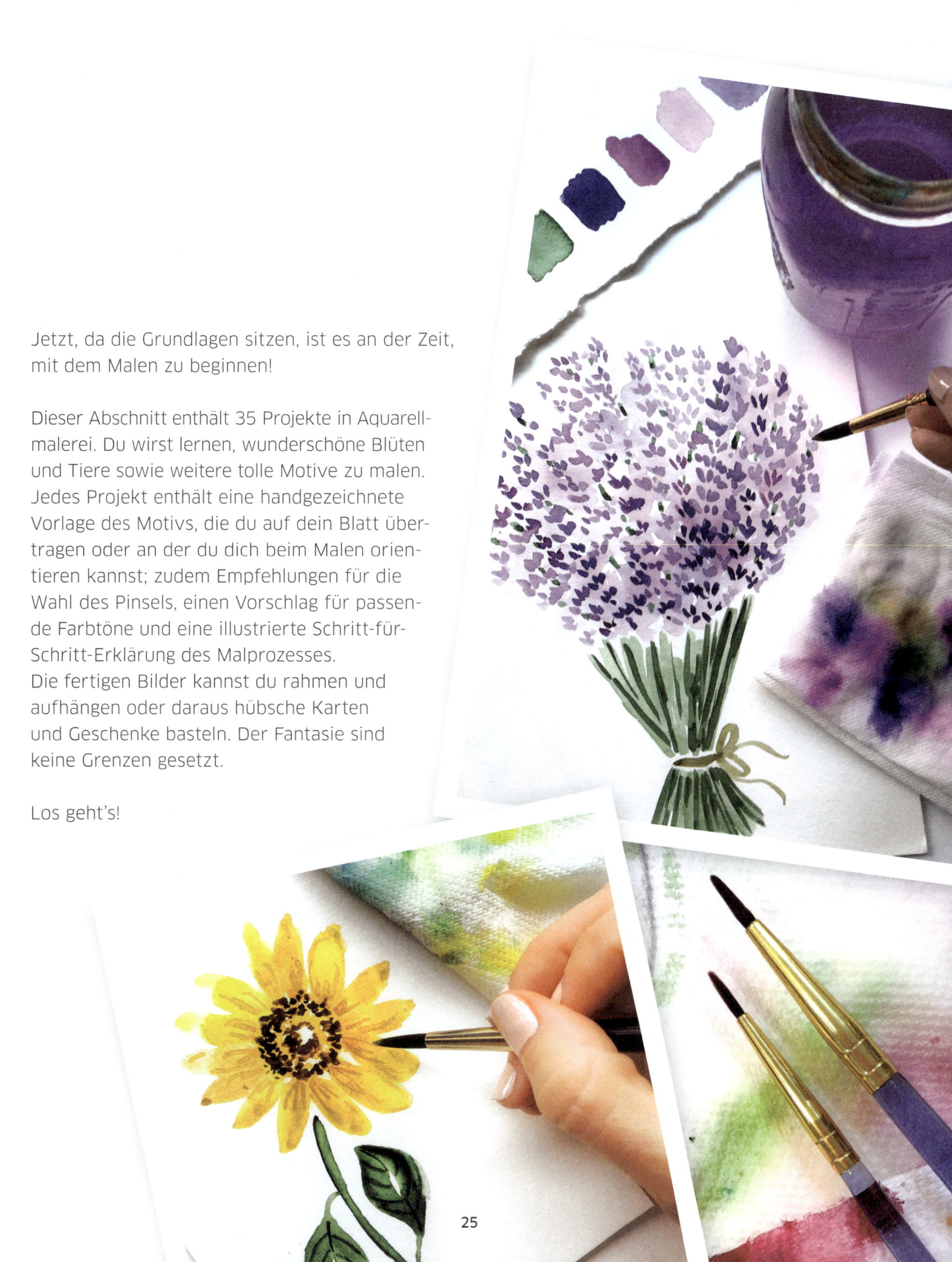

Rosen in Zeitungspapier

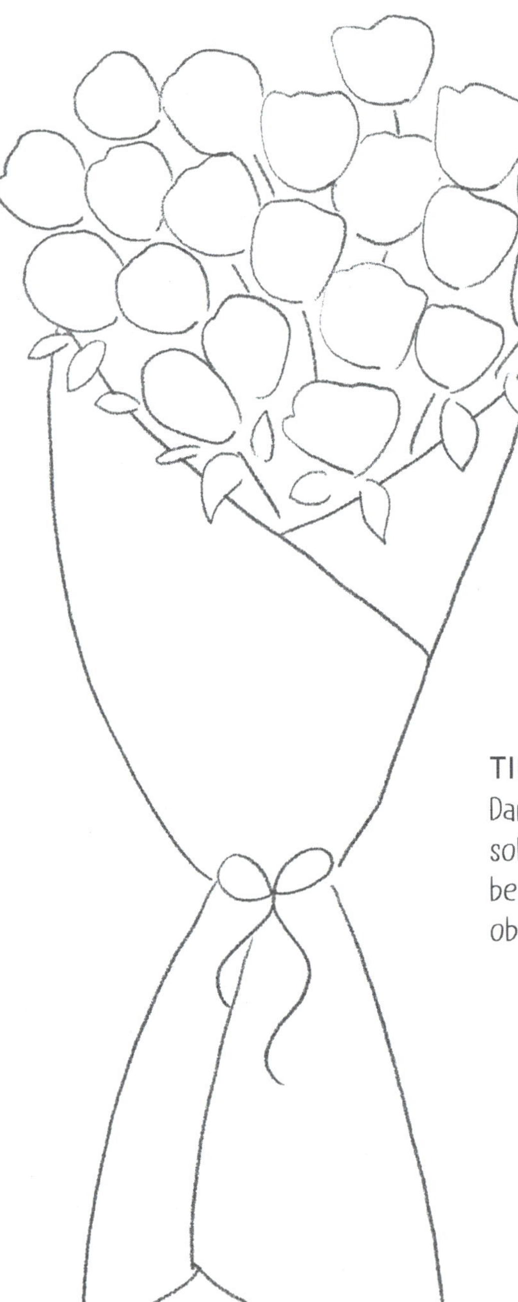

TIPP
Damit deine Pinsel länger halten, solltest du sie immer so aufbewahren, dass die Borsten nach oben zeigen.

PINSEL

- mittelgroßer Pinsel (Nr. 4, 6)
- kleiner Pinsel für die Details (Nr. 2, 3)

FARBPALETTE

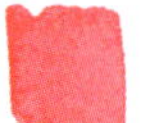 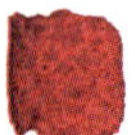 

 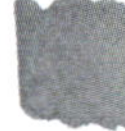 

1. Das Zeitungspapier in hellem Grau malen. Das vorne liegende Papier sollte den hellsten Grauton haben und die hinten liegende Schicht einen etwas dunkleren Grauton. Die Form der Rosenblüten in Rosa malen. Trocknen lassen.

2. Das Zeitungspapier mit Details in einem dunkleren Grau versehen. Die Rosenblüten mit Details in einem dunkleren Rosa versehen. Trocknen lassen.

3. Die Stiele und Blätter in Grün malen. In Dunkelgrau eine Schleife malen, die das Zeitungspapier in der Mitte zusammenhält.

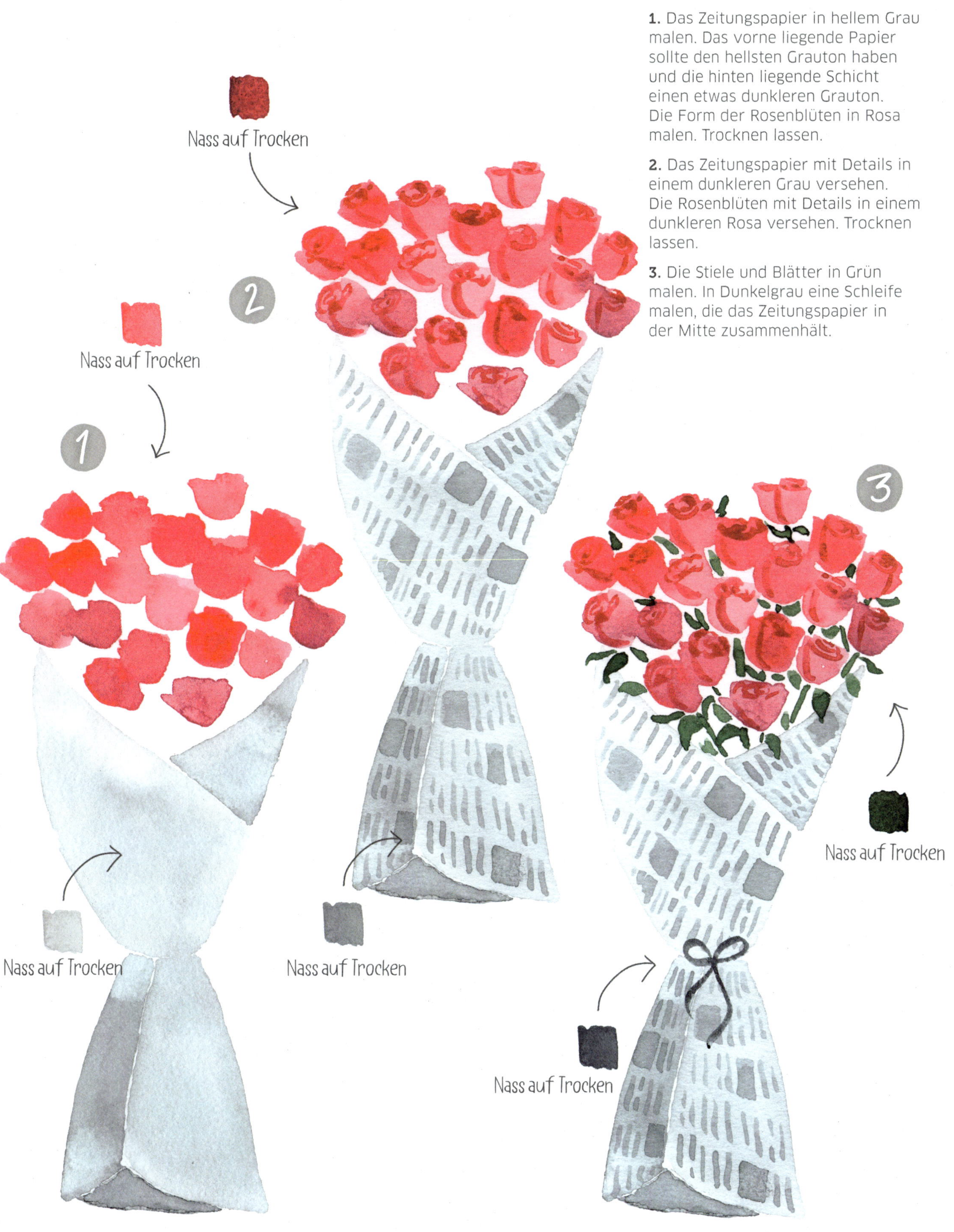

Ananas

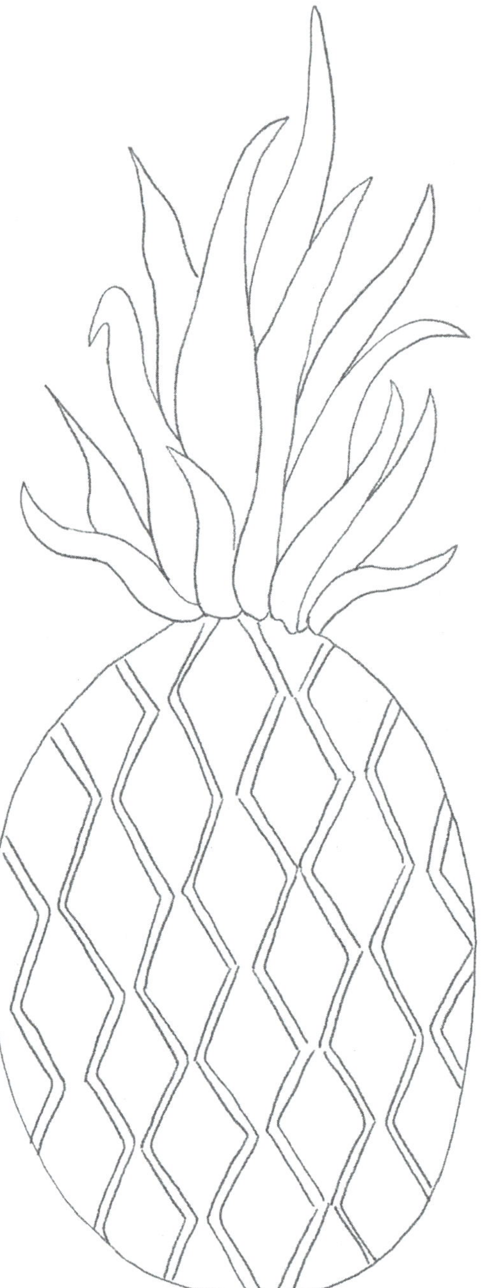

TIPP
Wenn sich die Farben auf der Palette vermischen, können durch Zufall schöne Farbtöne entstehen..

PINSEL

- mittelgroßer/großer Pinsel für die Ananas (Nr. 6, 8)
- kleiner/mittelgroßer Pinsel für die Details (Nr. 3, 4)

FARBPALETTE

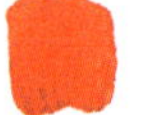 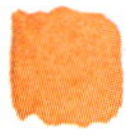 

 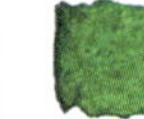 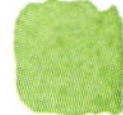

1. Die Schale der Ananas mit verschiedenen Gelb- und Orangetönen malen und dabei die Farben ineinander verlaufen lassen – probiere dich aus! Danach die Blätter in hellem Grün malen. Trocknen lassen.

2. Die Schale mit kleinen Details ausarbeiten. Hierfür etwas dunklere Gelb- und Orangetöne verwenden als in Schritt 1. Danach einen etwas dunkleren Grünton entlang der Blätter auftragen. Trocknen lassen.

3. Die Blätter mit Dunkelgrün akzentuieren.

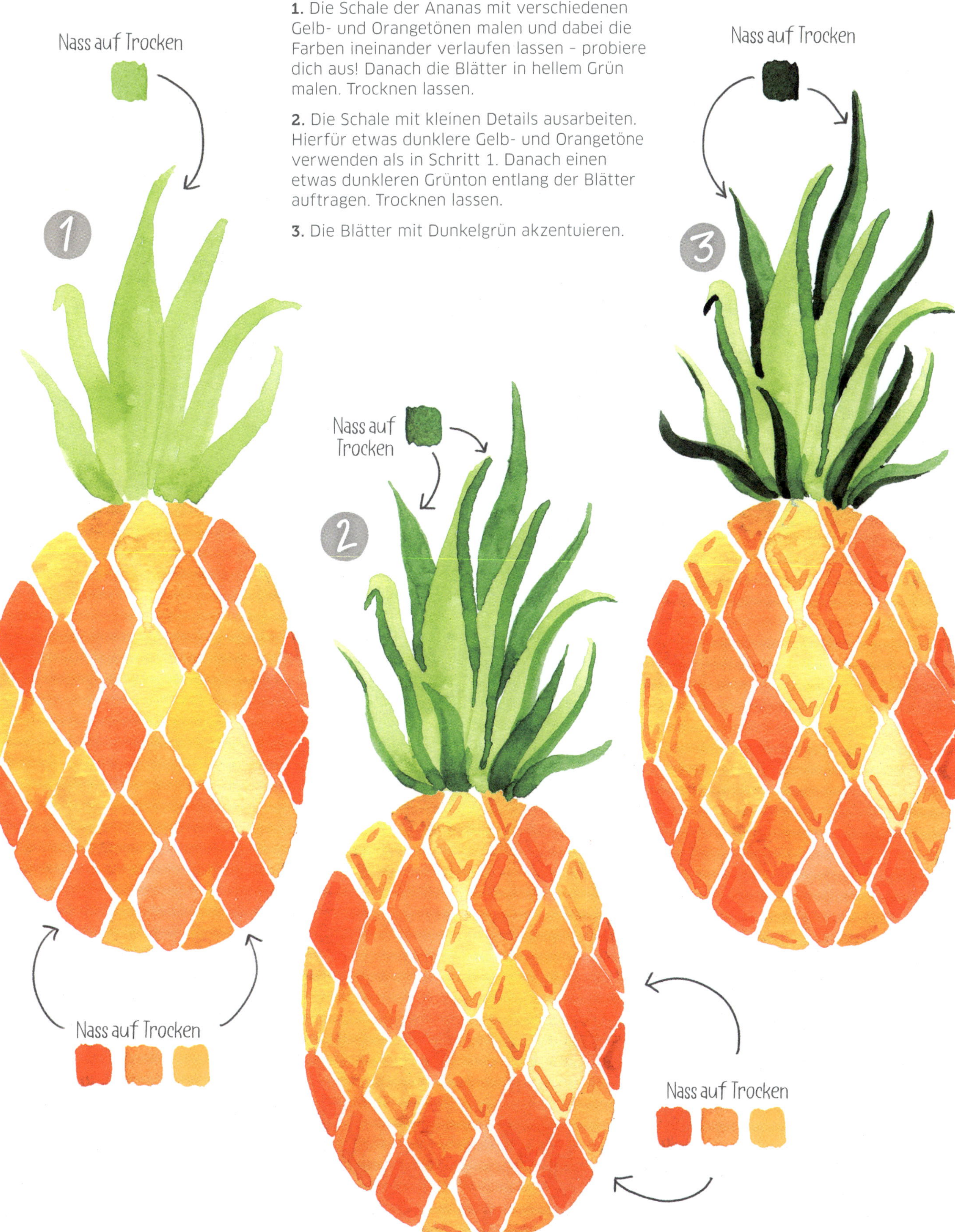

Lavendel

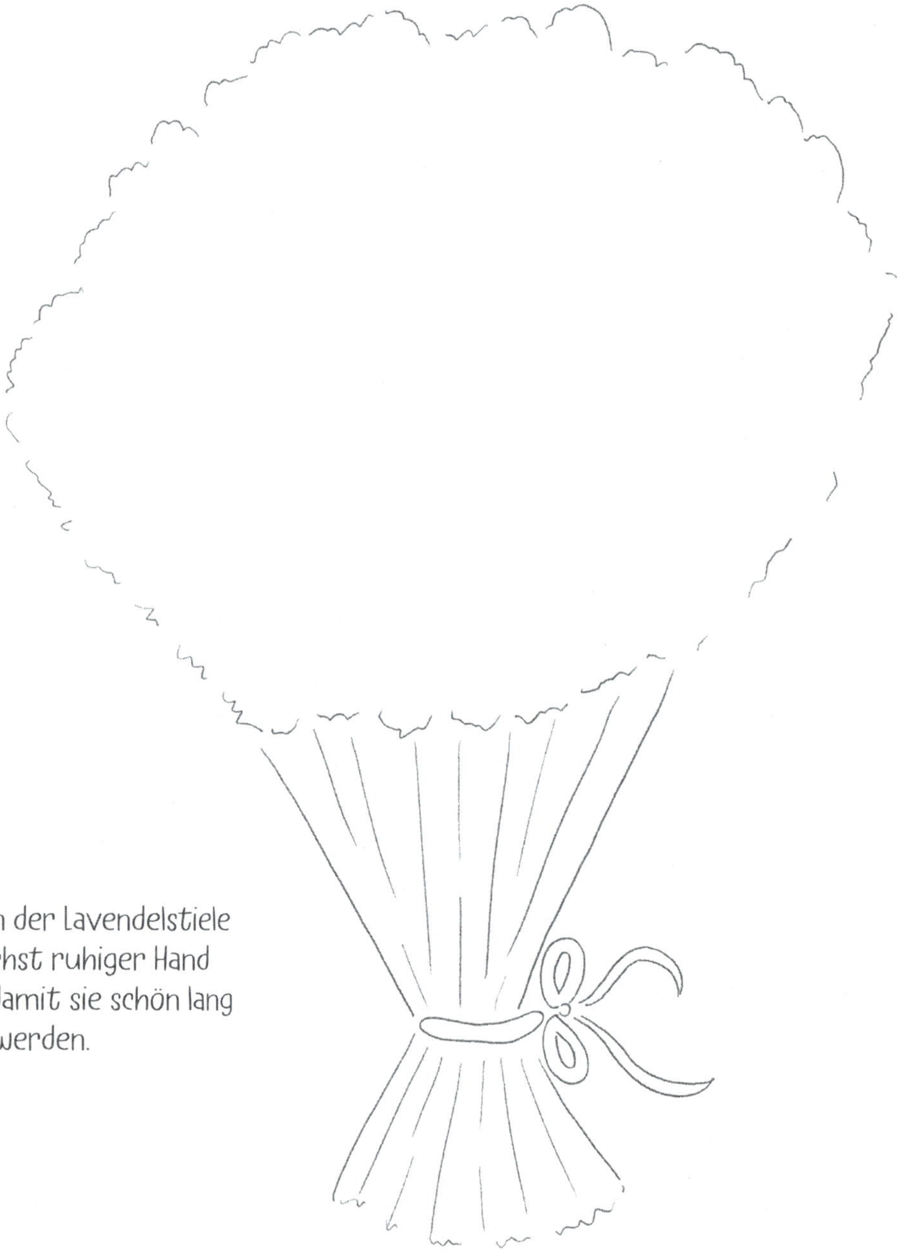

TIPP

Beim Malen der Lavendelstiele mit möglichst ruhiger Hand arbeiten, damit sie schön lang und dünn werden.

PINSEL

- großer Pinsel für Schritt 1 (Nr. 10)
- mittelgroßer Pinsel für Schritt 2 (Nr. 6)

FARBPALETTE

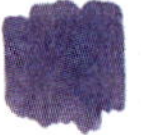
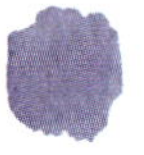
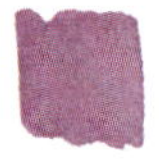

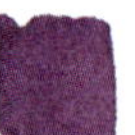

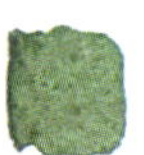
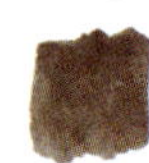

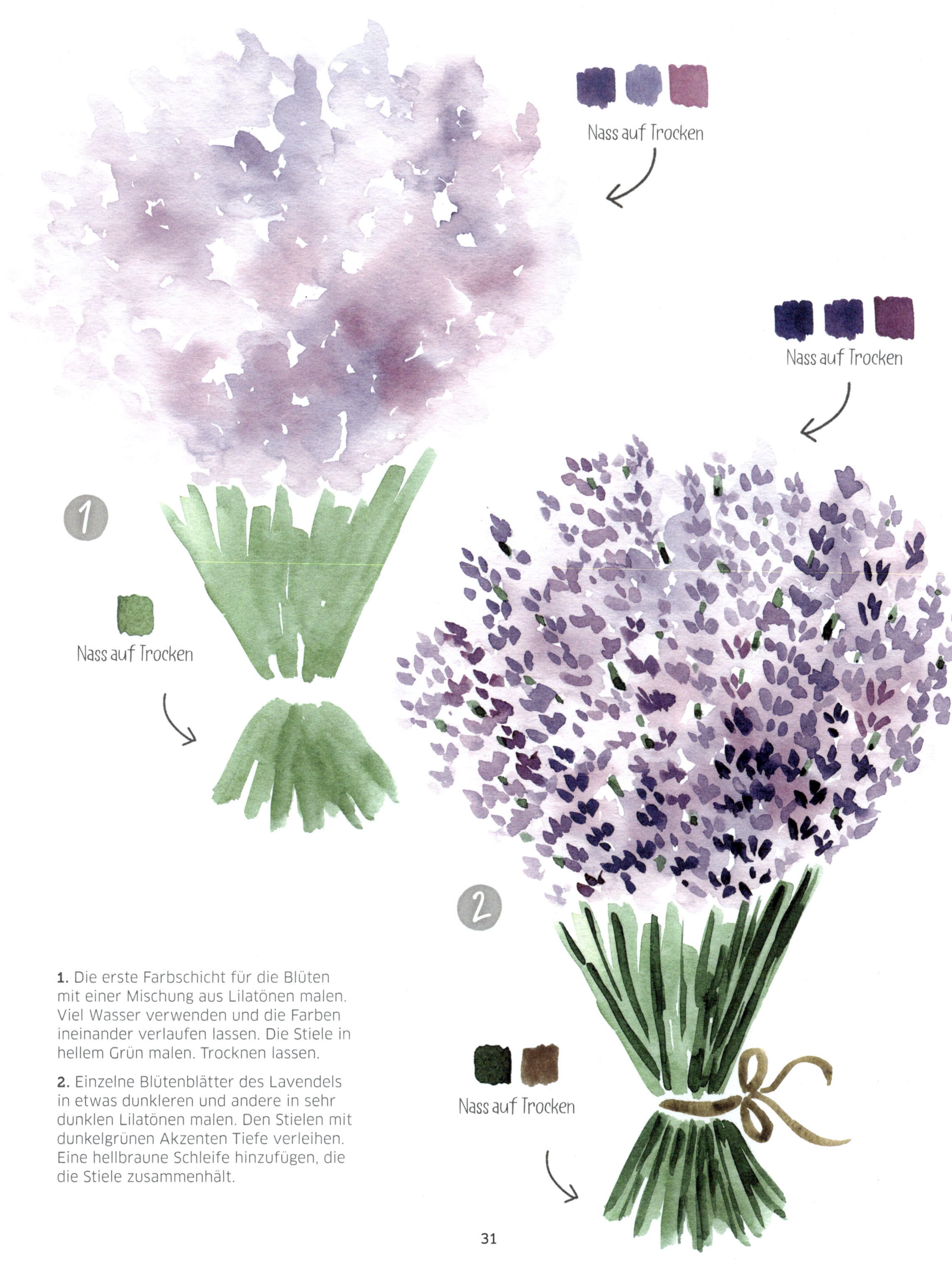

1. Die erste Farbschicht für die Blüten mit einer Mischung aus Lilatönen malen. Viel Wasser verwenden und die Farben ineinander verlaufen lassen. Die Stiele in hellem Grün malen. Trocknen lassen.

2. Einzelne Blütenblätter des Lavendels in etwas dunkleren und andere in sehr dunklen Lilatönen malen. Den Stielen mit dunkelgrünen Akzenten Tiefe verleihen. Eine hellbraune Schleife hinzufügen, die die Stiele zusammenhält.

Herbstlaub

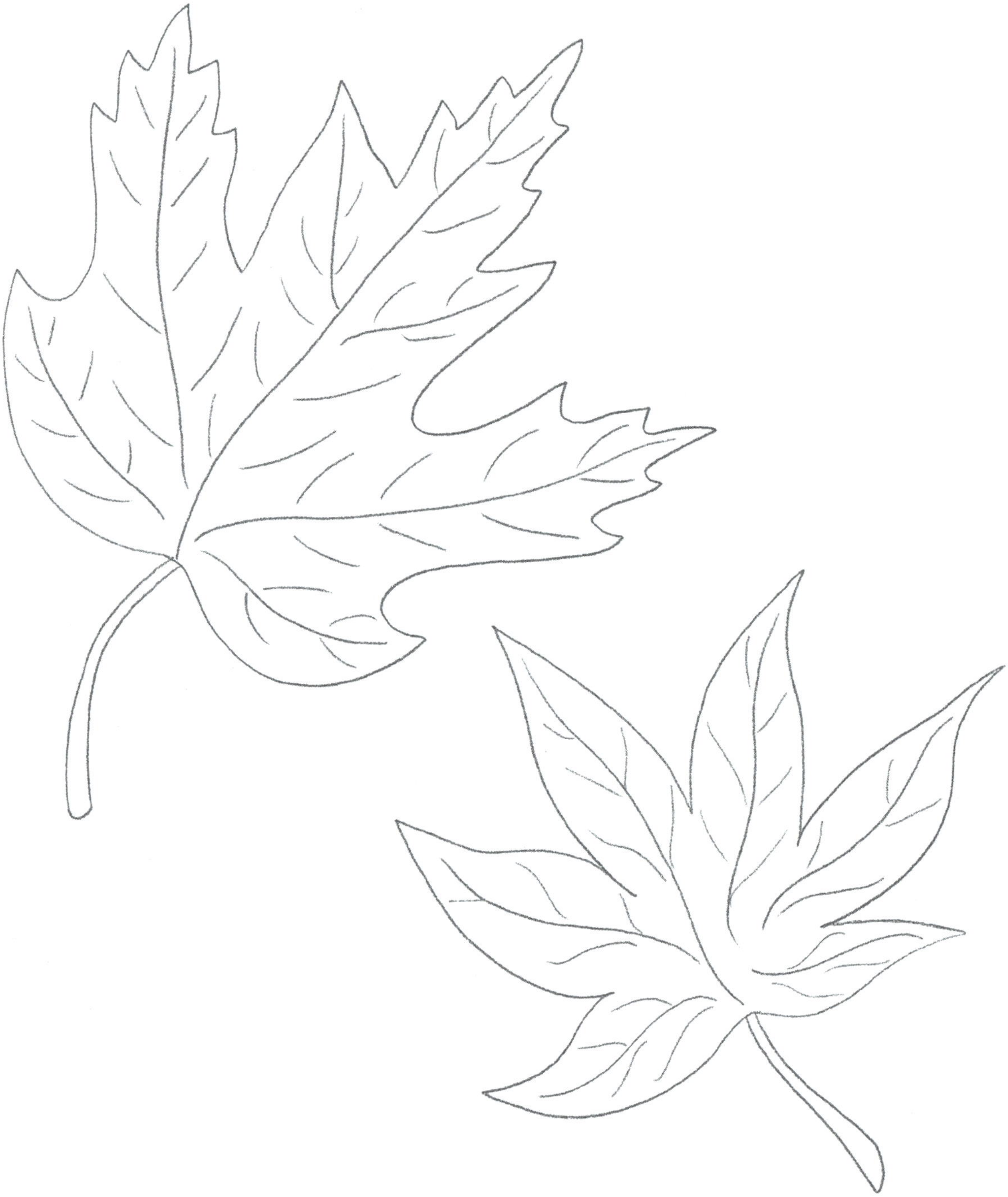

PINSEL

- großer Pinsel für die Blätter (Nr. 8, 10)
- kleiner Pinsel für die Details (Nr. 2, 3)

FARBPALETTE

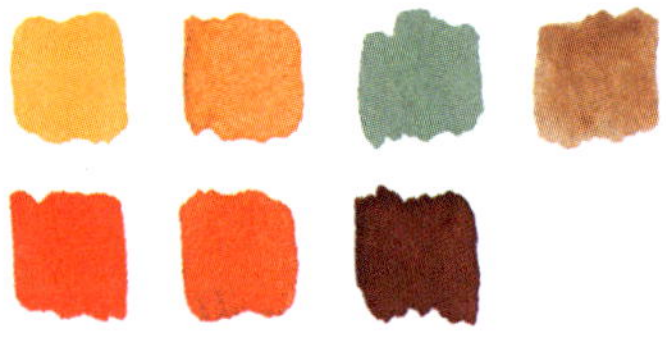

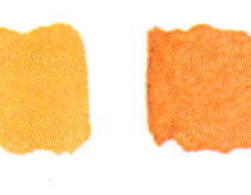
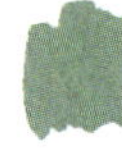
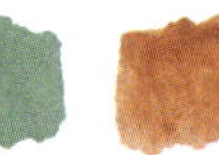

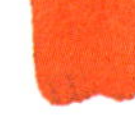
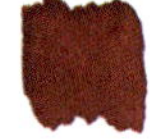

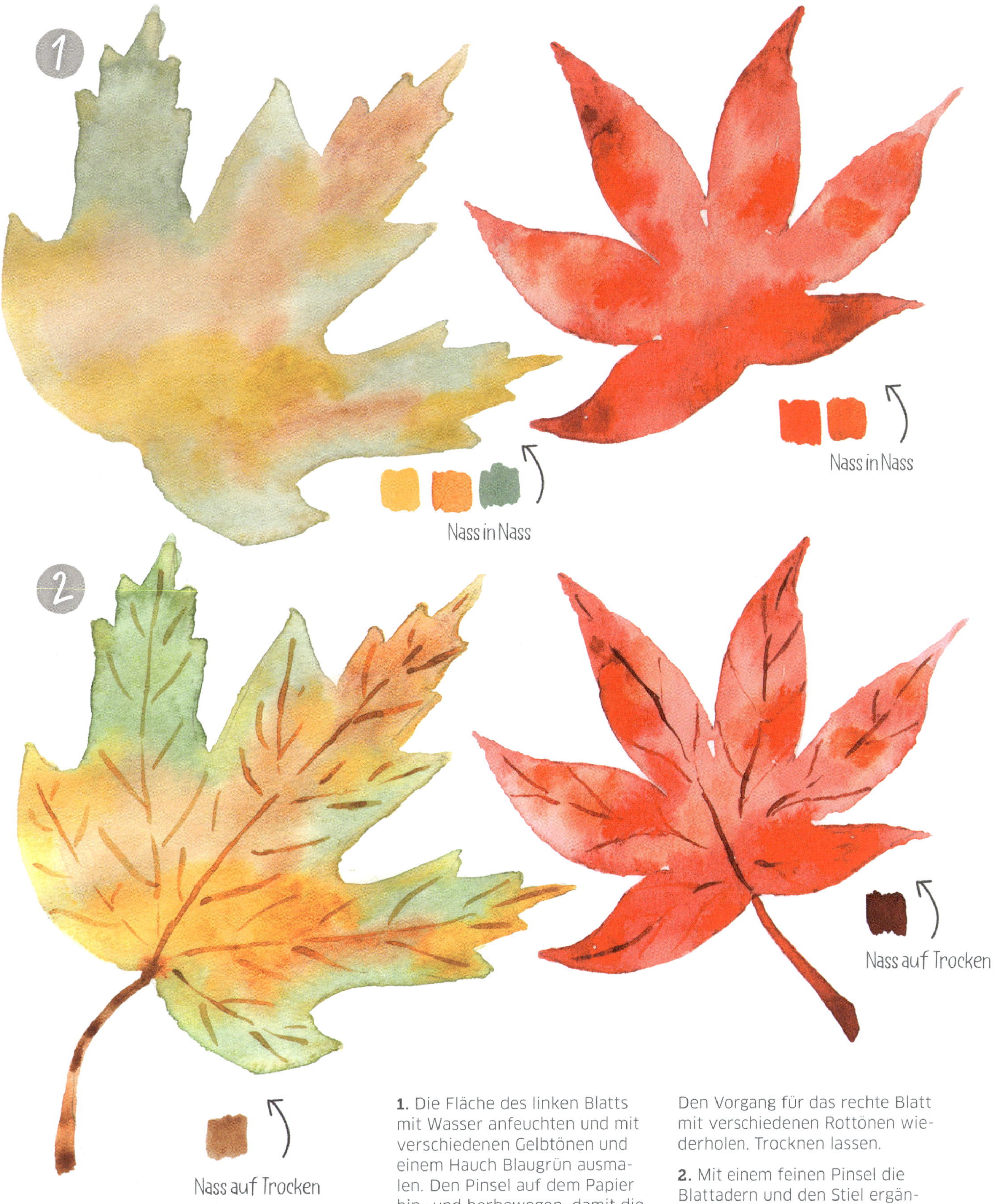

1. Die Fläche des linken Blatts mit Wasser anfeuchten und mit verschiedenen Gelbtönen und einem Hauch Blaugrün ausmalen. Den Pinsel auf dem Papier hin- und herbewegen, damit die Farben verwischen, bis die gewünschte Verteilung erreicht ist.

Den Vorgang für das rechte Blatt mit verschiedenen Rottönen wiederholen. Trocknen lassen.

2. Mit einem feinen Pinsel die Blattadern und den Stiel ergänzen. Dabei für das gelbe Blatt einen Braunton und für das rote Blatt ein Dunkelrot verwenden.

Blumen im Glas

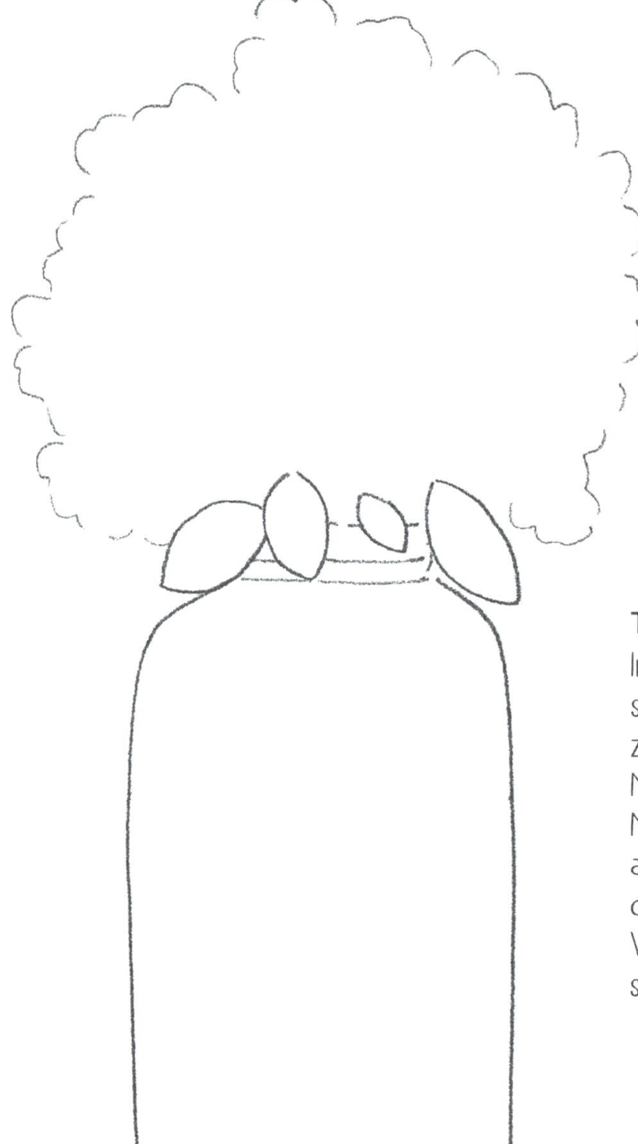

TIPP

In Fällen, in denen du dich zu angespannt fühlst, um wirklich kreativ zu sein, kannst du ein paar einfache Methoden anwenden. Lockere den Malprozess auf, indem du dein Motiv auf den Kopf stellst oder mit deiner nicht-dominanten Hand malst. Versuche es auch einmal mit geschlossenen Augen!

PINSEL

- mittelgroßer Pinsel (Nr. 4, 6)
- kleiner Pinsel für die Details (Nr. 2, 3)

FARBPALETTE

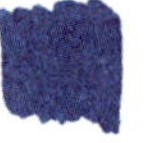 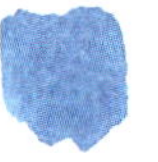 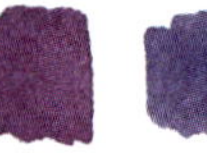 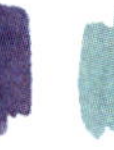 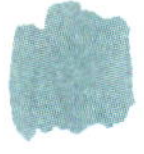

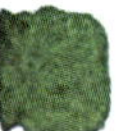 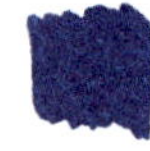 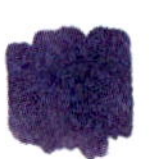 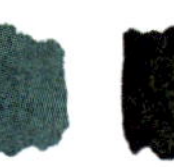

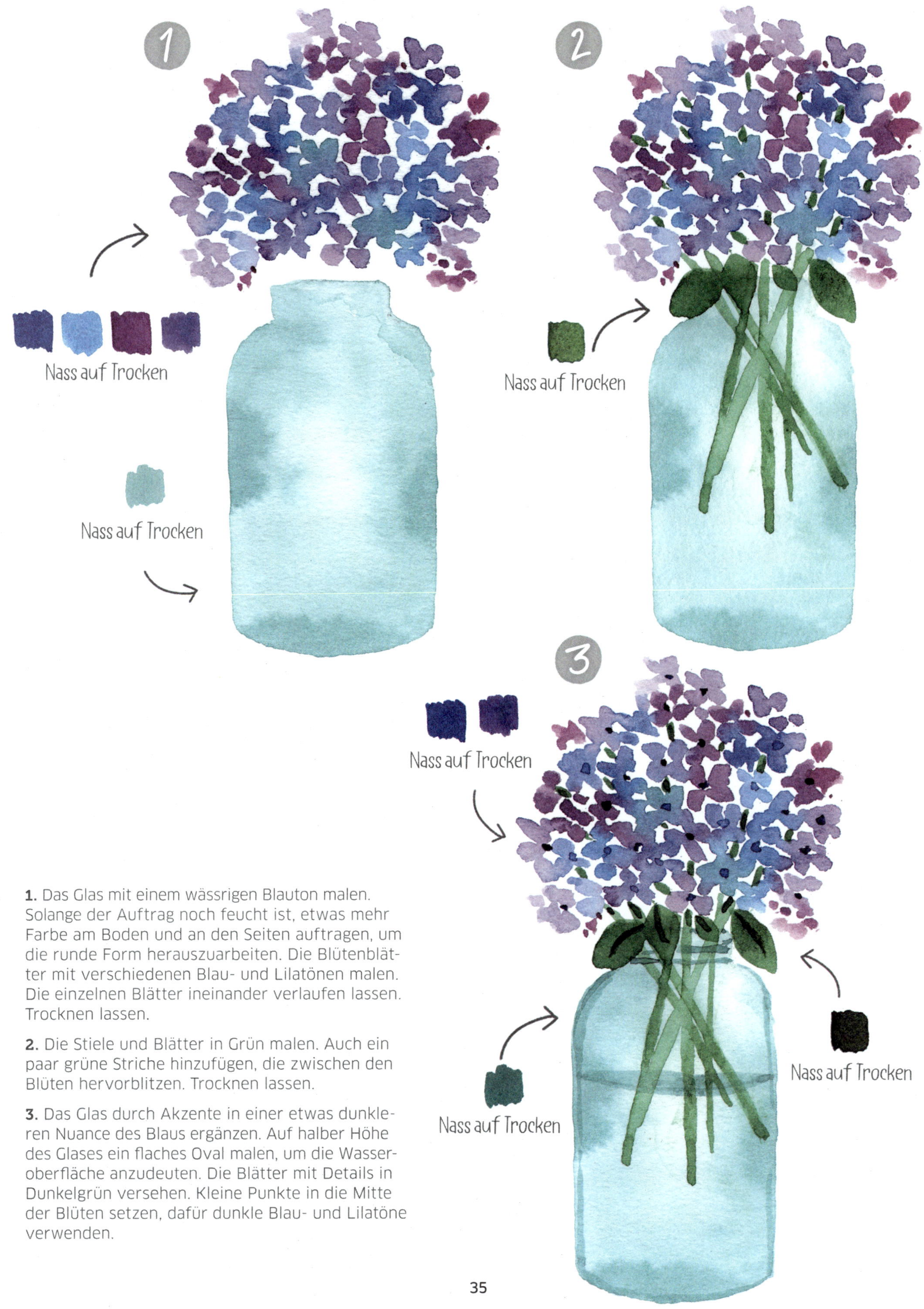

1. Das Glas mit einem wässrigen Blauton malen. Solange der Auftrag noch feucht ist, etwas mehr Farbe am Boden und an den Seiten auftragen, um die runde Form herauszuarbeiten. Die Blütenblätter mit verschiedenen Blau- und Lilatönen malen. Die einzelnen Blätter ineinander verlaufen lassen. Trocknen lassen.

2. Die Stiele und Blätter in Grün malen. Auch ein paar grüne Striche hinzufügen, die zwischen den Blüten hervorblitzen. Trocknen lassen.

3. Das Glas durch Akzente in einer etwas dunkleren Nuance des Blaus ergänzen. Auf halber Höhe des Glases ein flaches Oval malen, um die Wasseroberfläche anzudeuten. Die Blätter mit Details in Dunkelgrün versehen. Kleine Punkte in die Mitte der Blüten setzen, dafür dunkle Blau- und Lilatöne verwenden.

Palme

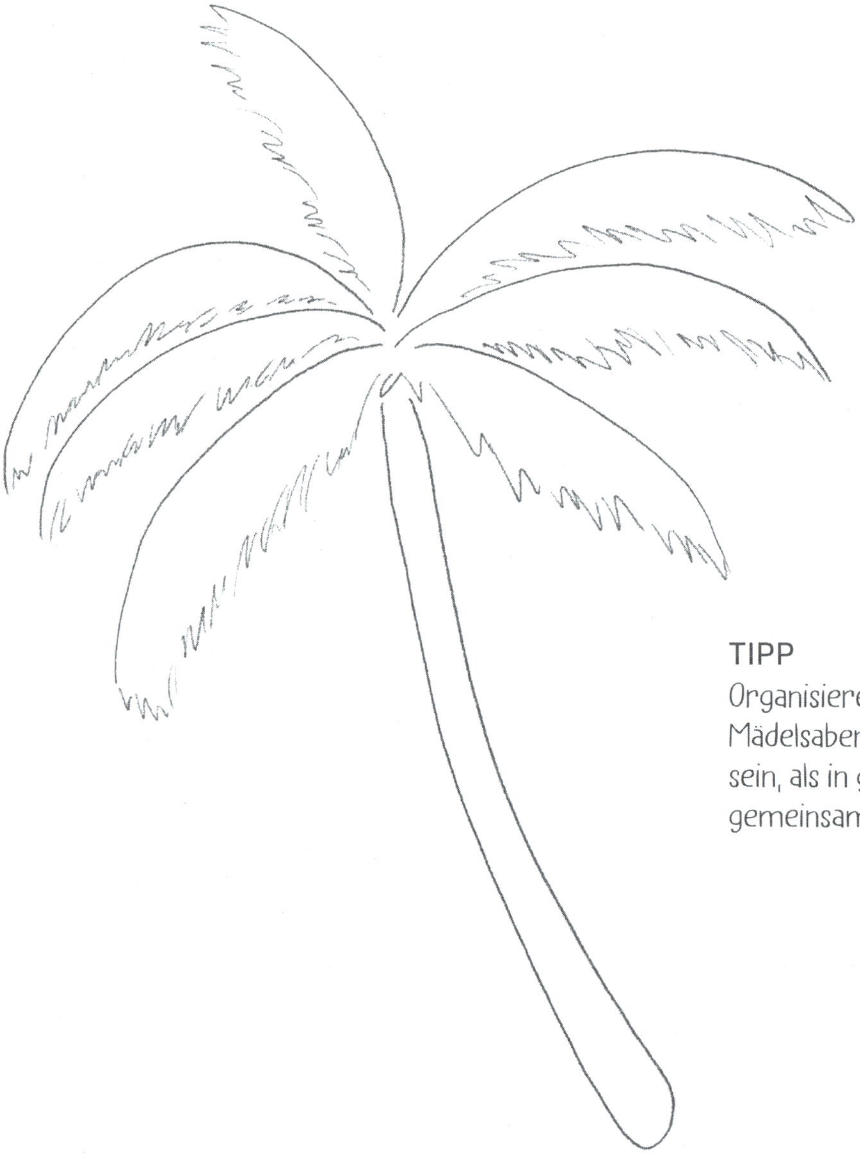

TIPP

Organisiere einen kreativen Mädelsabend: Was könnte schöner sein, als in gemütlicher Runde gemeinsam zu malen!

PINSEL

- mittelgroßer/großer Pinsel für den Stamm und die Palmwedel (Nr. 6, 8)
- kleiner/mittelgroßer Pinsel für die Details (Nr. 3, 4)

FARBPALETTE

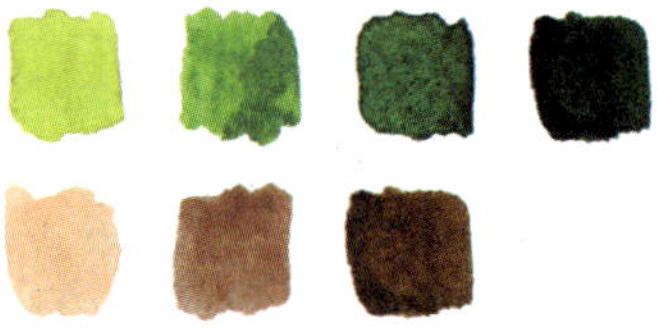

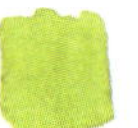
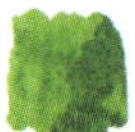
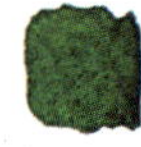

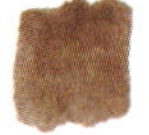
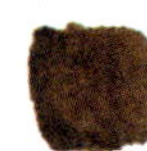

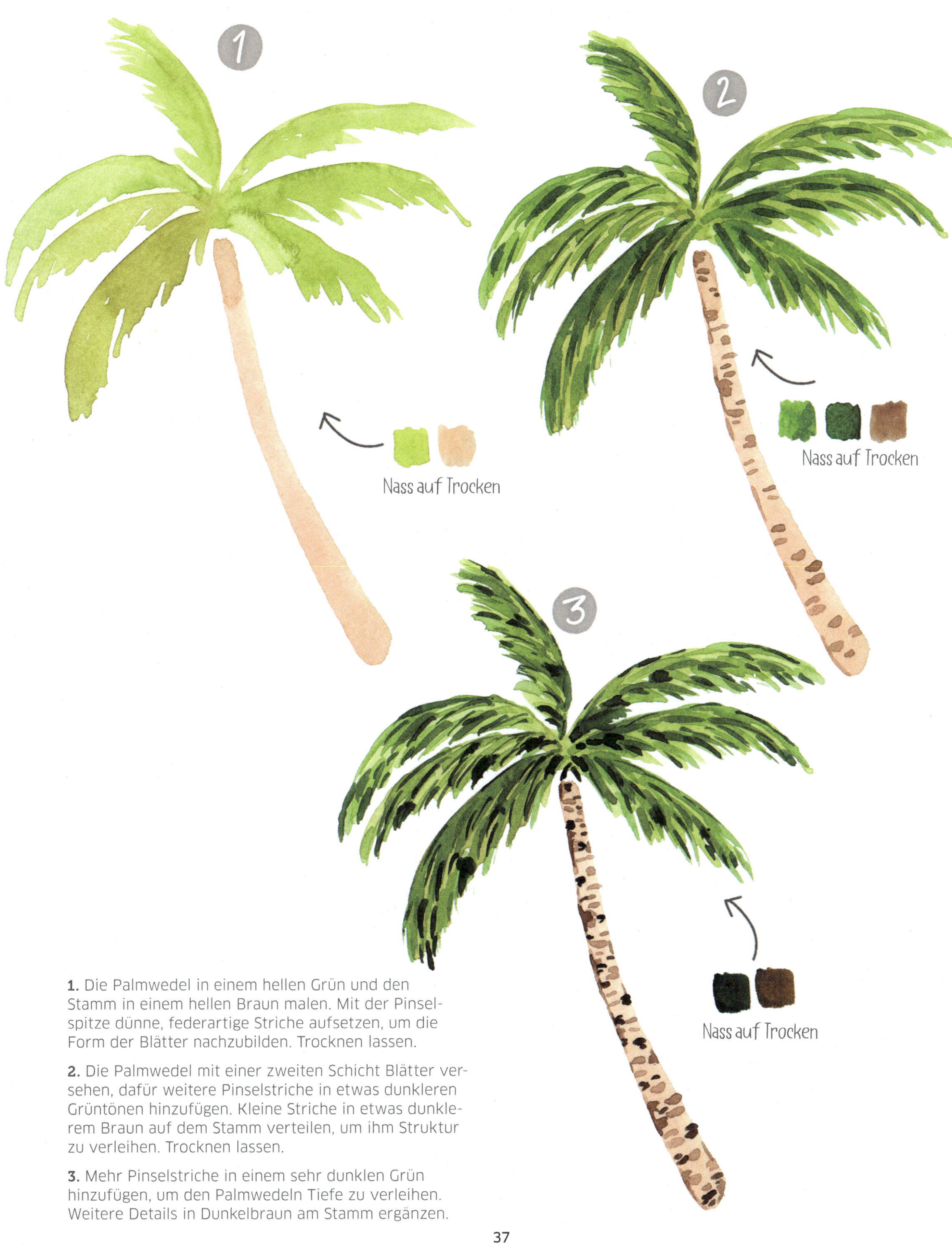

1. Die Palmwedel in einem hellen Grün und den Stamm in einem hellen Braun malen. Mit der Pinselspitze dünne, federartige Striche aufsetzen, um die Form der Blätter nachzubilden. Trocknen lassen.

2. Die Palmwedel mit einer zweiten Schicht Blätter versehen, dafür weitere Pinselstriche in etwas dunkleren Grüntönen hinzufügen. Kleine Striche in etwas dunklerem Braun auf dem Stamm verteilen, um ihm Struktur zu verleihen. Trocknen lassen.

3. Mehr Pinselstriche in einem sehr dunklen Grün hinzufügen, um den Palmwedeln Tiefe zu verleihen. Weitere Details in Dunkelbraun am Stamm ergänzen.

Wassermelone

DIESE TECHNIK MACHT SPASS!
Eine Sprühflasche mit klarem Wasser füllen und das Papier damit besprühen. Eine große Menge Farbe auf den Pinsel nehmen und mit der Spitze das angefeuchtete Papier berühren. Die Pigmente verteilen sich von selbst auf dem Papier und es entstehen interessante organische Strukturen.

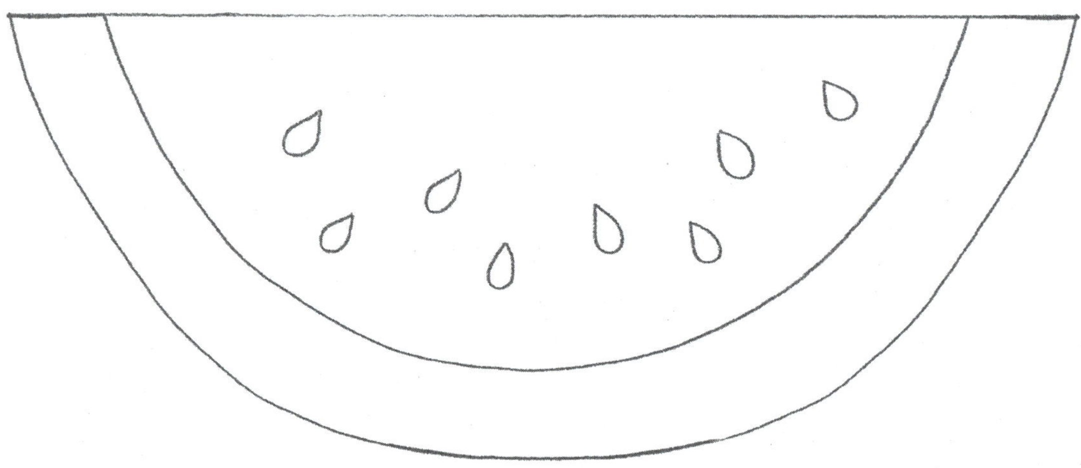

PINSEL

- mittelgroßer/großer Pinsel für die Wassermelone (Nr. 6, 8)
- mittelgroßer Pinsel für die Kerne (Nr. 4, 6)

FARBPALETTE

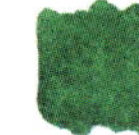
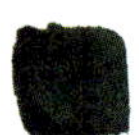
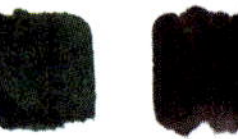

1. Die Fläche des Fruchtfleischs mit Wasser befeuchten. Rote Farbe entlang der unteren Kante verteilen, solange die Fläche noch feucht ist, damit sie nach innen verläuft. Trocknen lassen.

2. Dem Fruchtfleisch durch Details Struktur verleihen. Hierfür den gleichen Rotton verwenden, diesen allerdings mit mehr Wasser verdünnen, sodass ein helleres Rosa entsteht. Trocknen lassen.

3. Für die Schale der Wassermelone Hellgrün verwenden. Die hellgrüne Farbe entlang der Außenkante der Schale auftragen, dann mit Wasser die Farbe nach innen hin verteilen und dadurch einen Verlauf erzeugen.

4. Solange das Hellgrün noch etwas feucht ist, ein etwas dunkleres Grün entlang der Außenkante der Schale auftragen. Weil das Papier noch feucht ist, verlaufen das hellere und das dunklere Grün miteinander. Abschließend entlang der Außenkante eine dünne Kontur in Dunkelgrün hinzufügen. Trocknen lassen.

5. Die Kerne in Schwarz malen. Eine kleine Stelle in der Mitte aussparen, um einen Glanzlichteffekt zu erzielen. Nach dem Trocknen die Kerne auf der linken Seite mit einem Schatten in roter Farbe versehen.

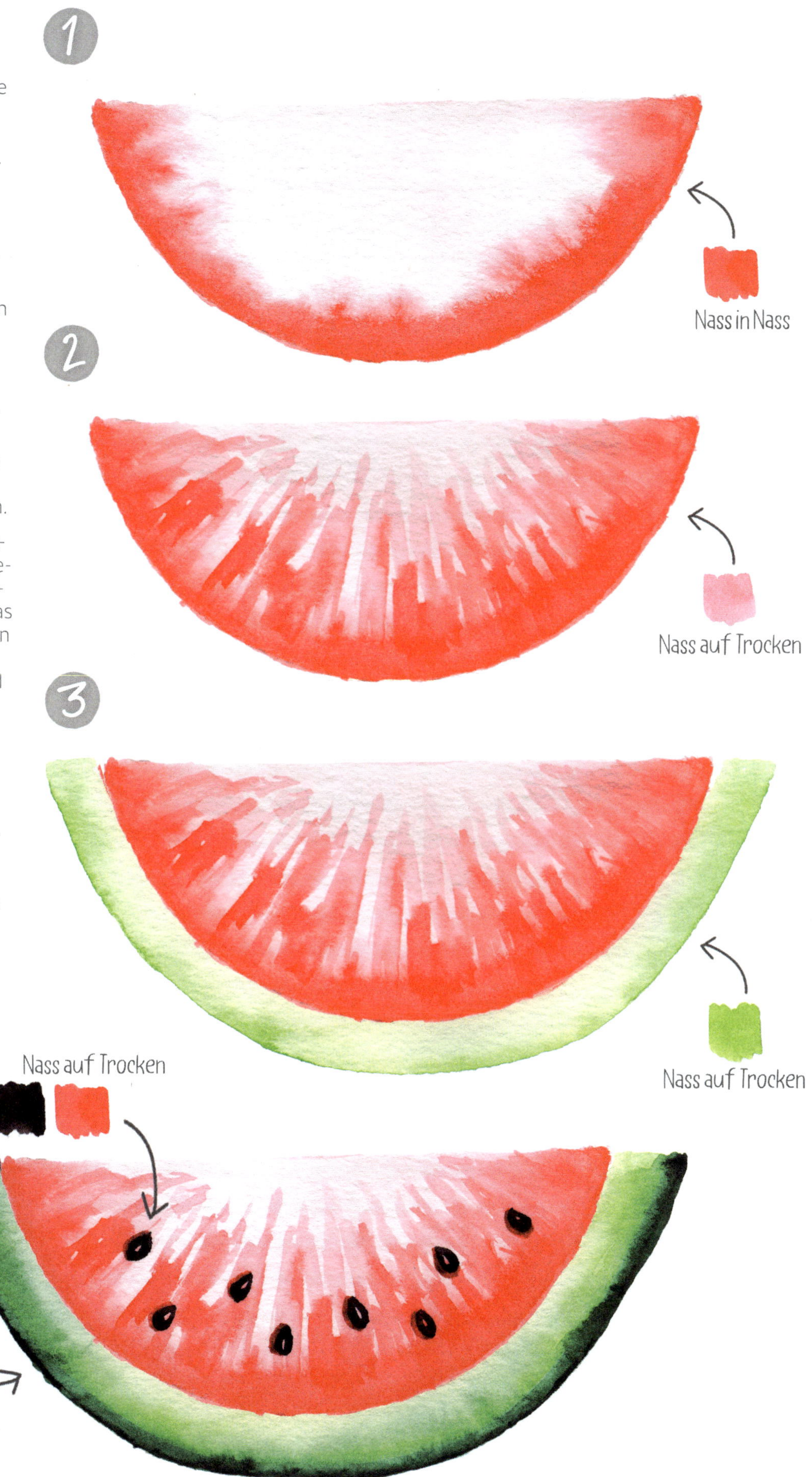

Sonnenblume

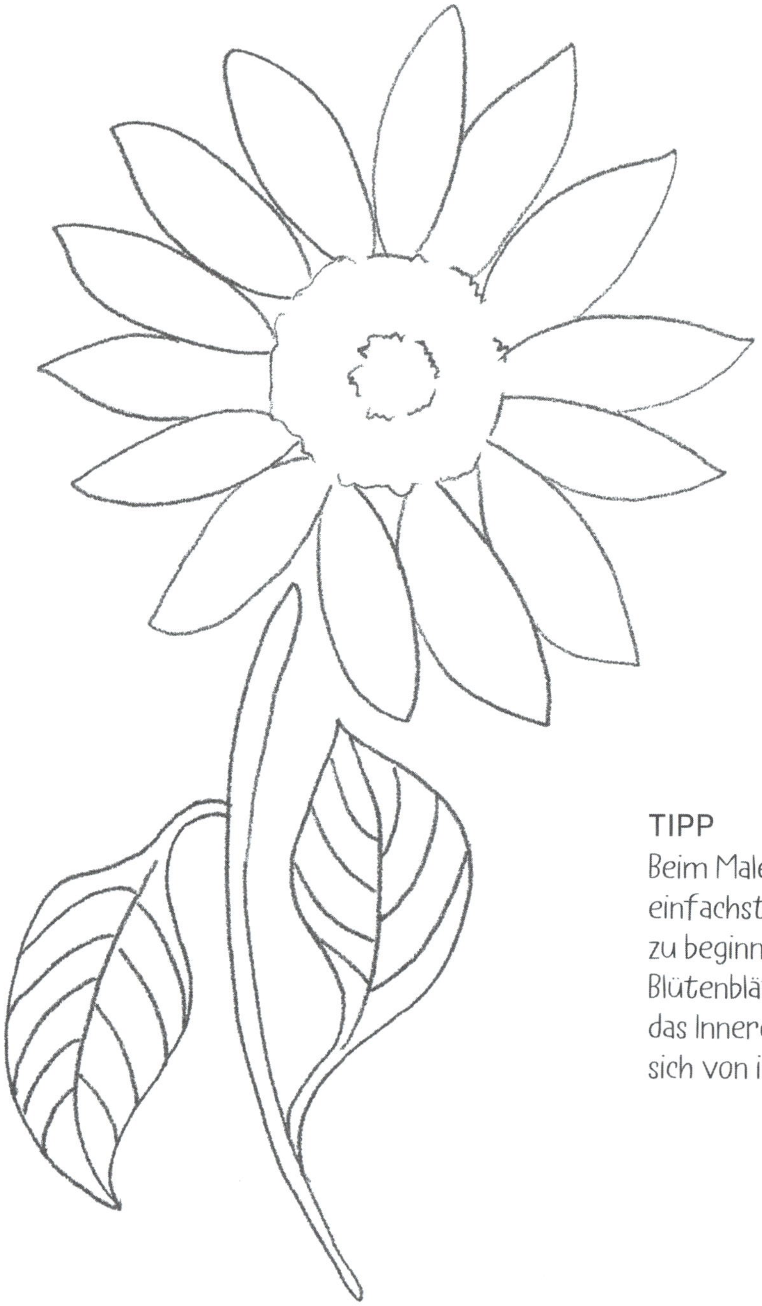

TIPP

Beim Malen von Blumen ist es am einfachsten, mit der Blütenmitte zu beginnen. Danach werden die Blütenblätter gemalt, die rund um das Innere sitzen. So arbeitet man sich von innen nach außen vor.

PINSEL

- großer Pinsel für Blütenmitte und Blütenblätter (Nr. 8)
- mittelgroßer Pinsel für Stiel, Blätter und Details (Nr. 4, 6)

FARBPALETTE

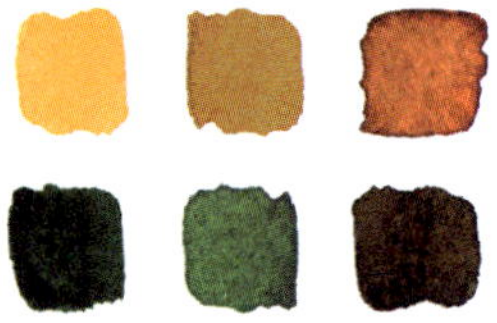

  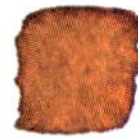
 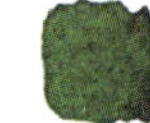 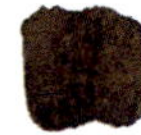

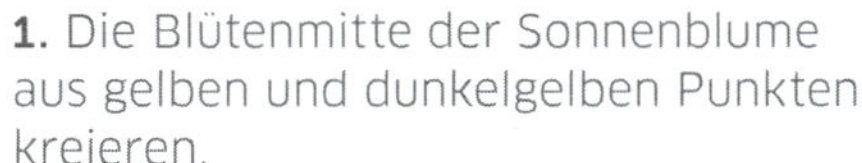

1. Die Blütenmitte der Sonnenblume aus gelben und dunkelgelben Punkten kreieren.

2. Solange die Farbe noch feucht ist, die gelben und dunkelgelben Blütenblätter hinzufügen, die rund um die Mitte sitzen. Trocknen lassen.

3. Die Blütenmitte mit dunkelbraunen Punkten weiter ausarbeiten. Den Stiel und die Blätter in Grün malen, an den Blättern jeweils weiße Glanzlichter aussparen. Trocknen lassen.

4. Den Blütenblättern mit kurzen Pinselstrichen Struktur verleihen. Die Blätter mit Blattadern in Dunkelgrün versehen.

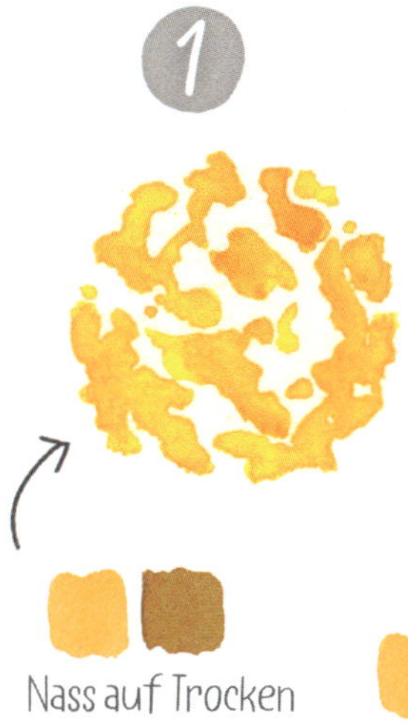

1

Nass auf Trocken

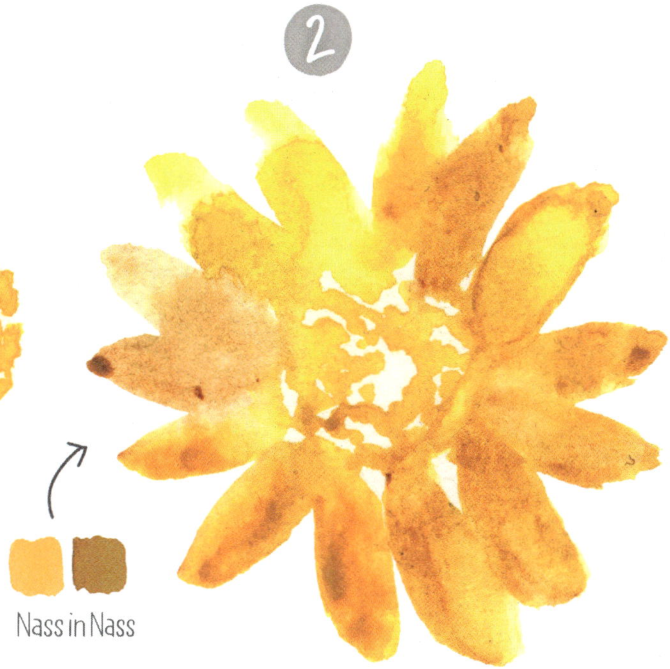

2

Nass in Nass

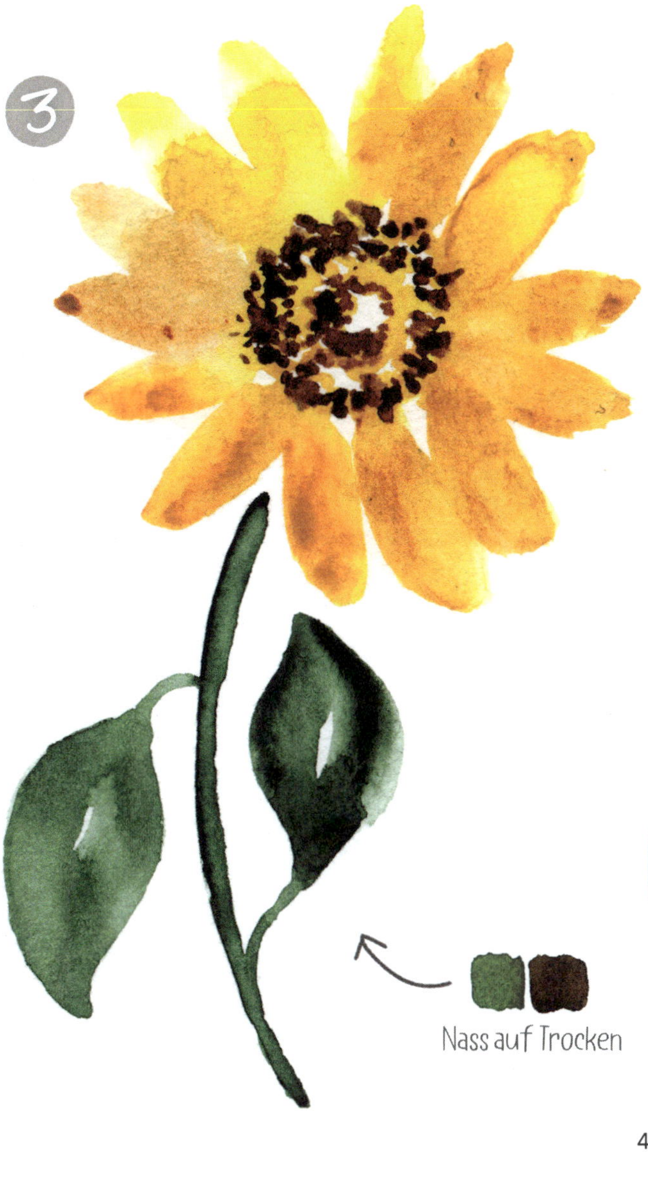

3

Nass auf Trocken

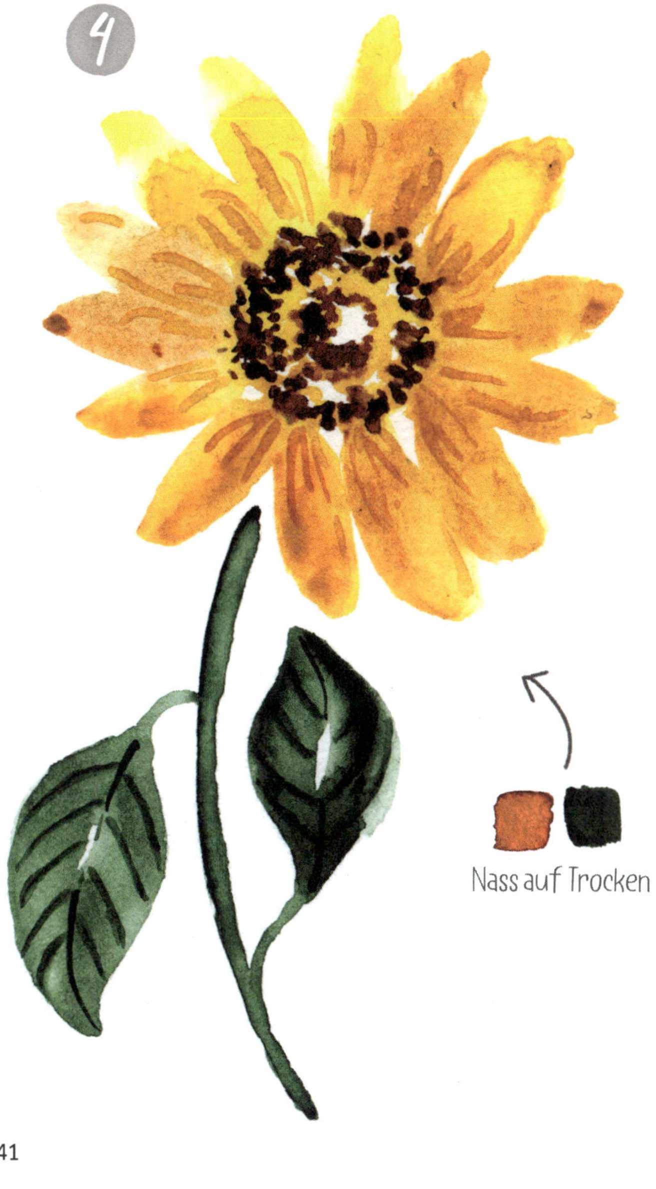

4

Nass auf Trocken

Rosenblüten

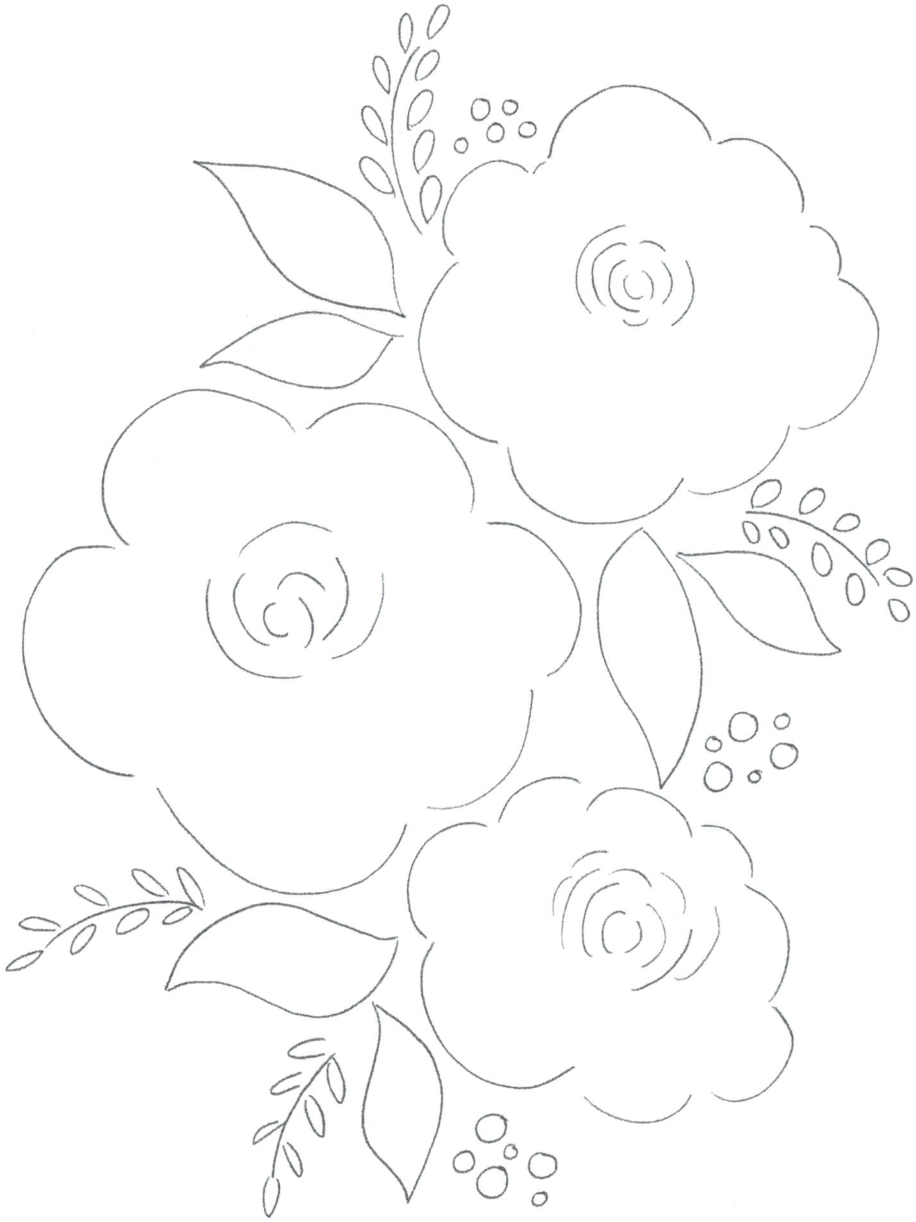

PINSEL

- großer Pinsel (Nr. 8, 10)
- Die dünneren Linien mit der Pinselspitze malen und für die dickeren Partien den Pinsel fester aufdrücken.

FARBPALETTE

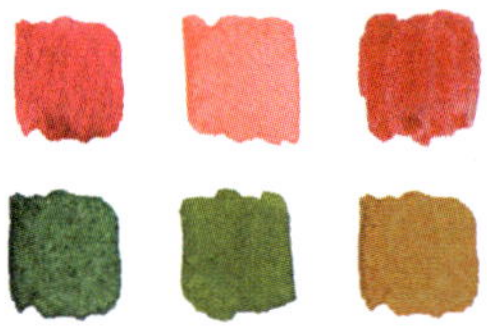

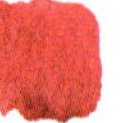 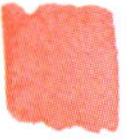 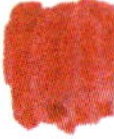

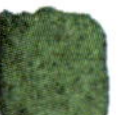  

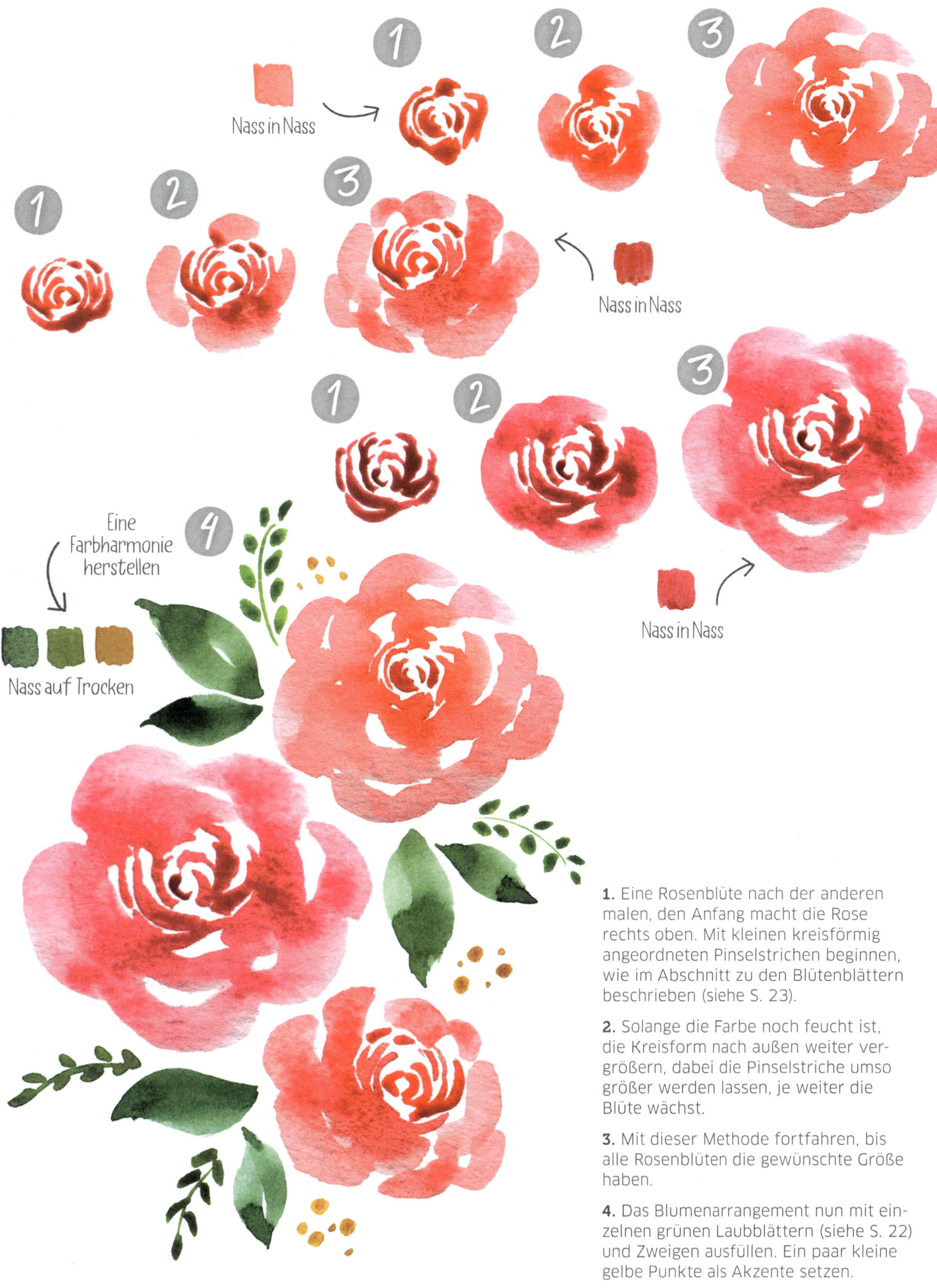

1. Eine Rosenblüte nach der anderen malen, den Anfang macht die Rose rechts oben. Mit kleinen kreisförmig angeordneten Pinselstrichen beginnen, wie im Abschnitt zu den Blütenblättern beschrieben (siehe S. 23).

2. Solange die Farbe noch feucht ist, die Kreisform nach außen weiter vergrößern, dabei die Pinselstriche umso größer werden lassen, je weiter die Blüte wächst.

3. Mit dieser Methode fortfahren, bis alle Rosenblüten die gewünschte Größe haben.

4. Das Blumenarrangement nun mit einzelnen grünen Laubblättern (siehe S. 22) und Zweigen ausfüllen. Ein paar kleine gelbe Punkte als Akzente setzen.

Blätterkranz

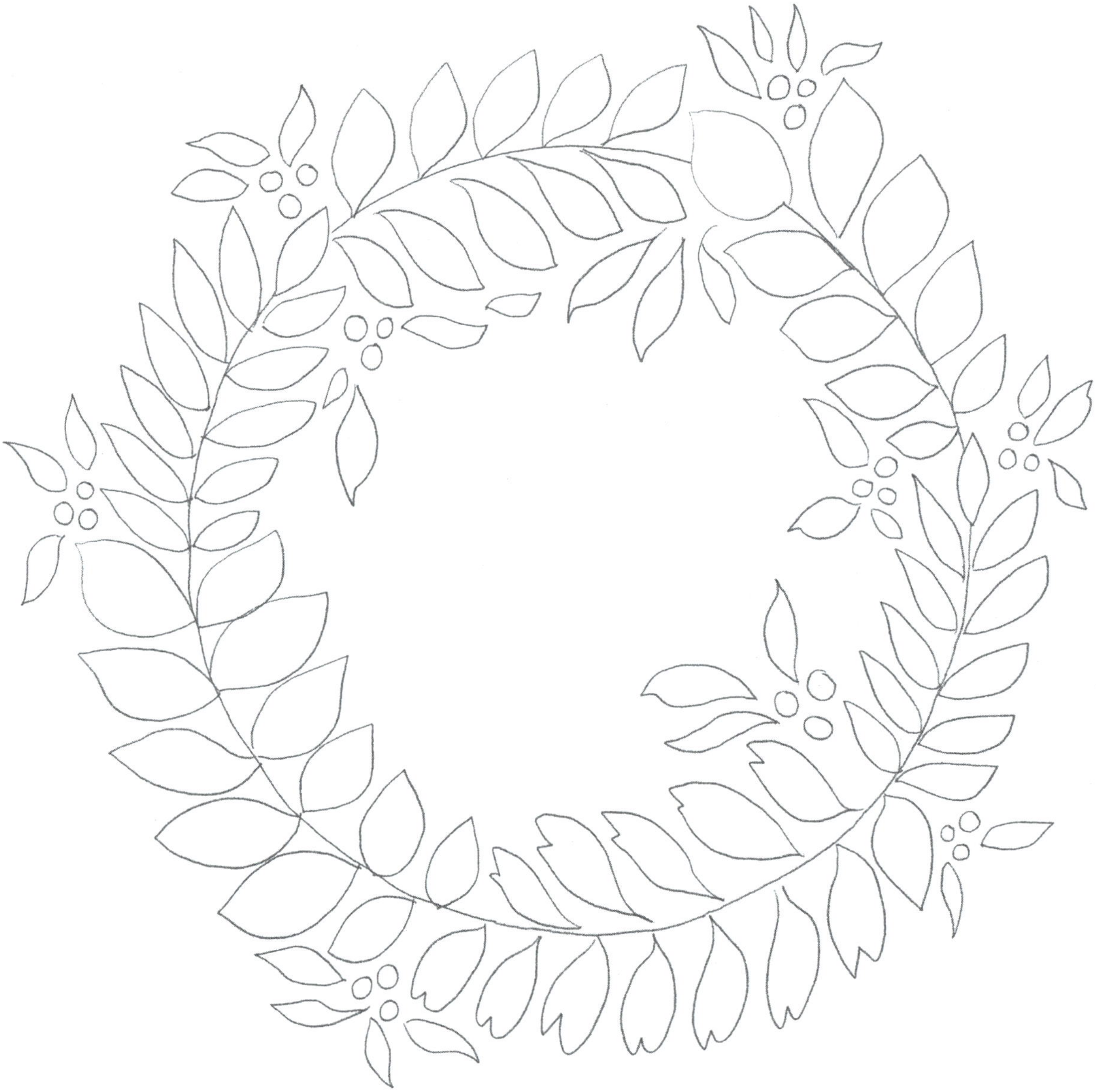

PINSEL

- großer Pinsel (Nr. 8, 10)
- Die dünneren Linien mit der Pinselspitze malen und für die dickeren Partien den Pinsel fester aufdrücken

FARBPALETTE

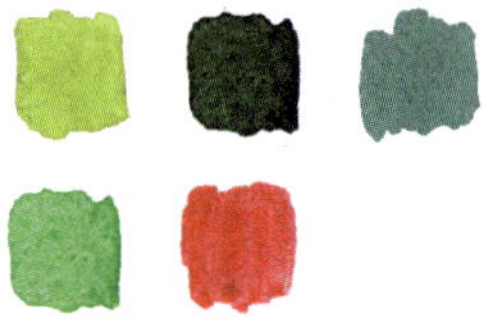

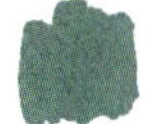

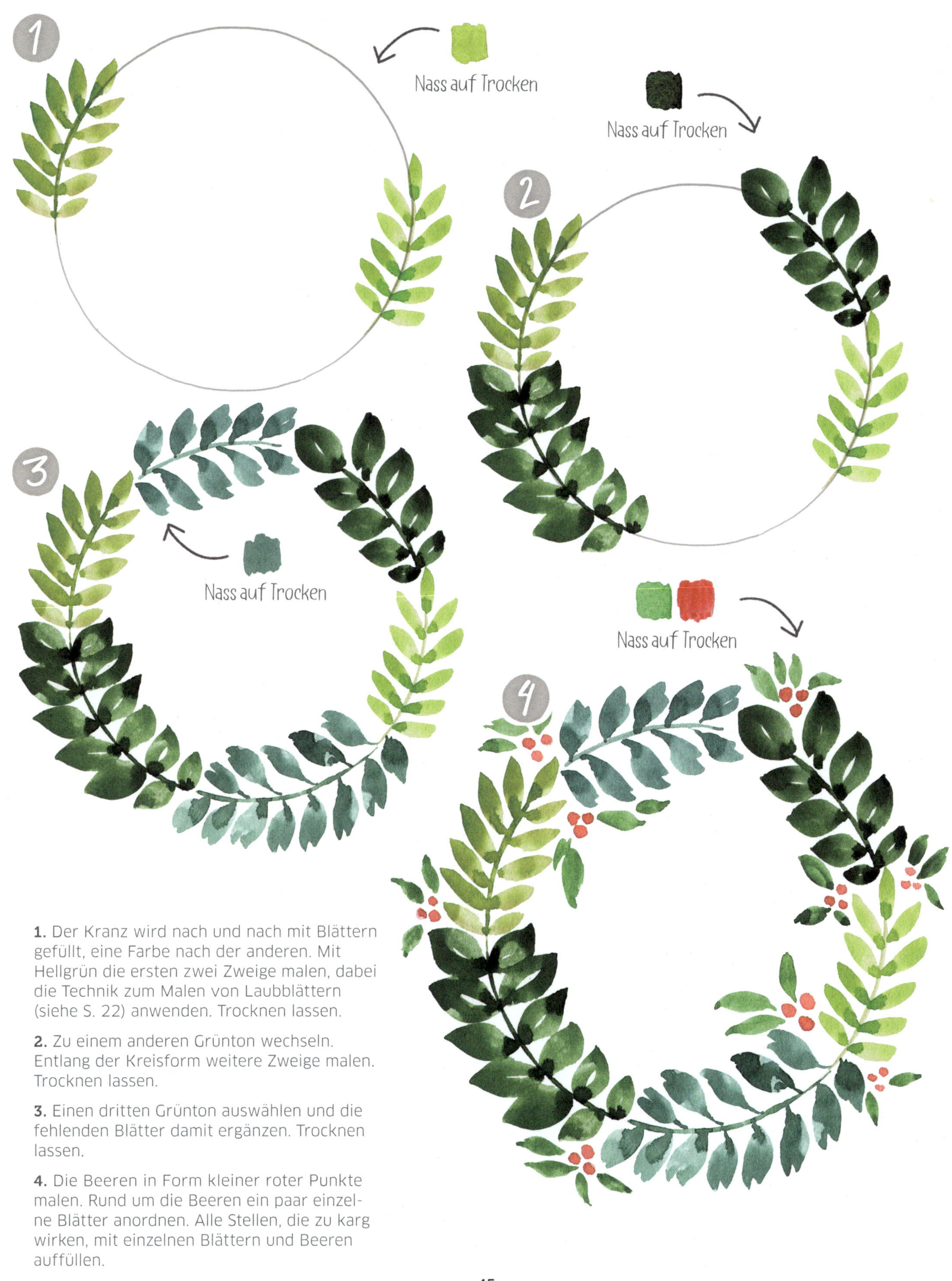

1. Der Kranz wird nach und nach mit Blättern gefüllt, eine Farbe nach der anderen. Mit Hellgrün die ersten zwei Zweige malen, dabei die Technik zum Malen von Laubblättern (siehe S. 22) anwenden. Trocknen lassen.

2. Zu einem anderen Grünton wechseln. Entlang der Kreisform weitere Zweige malen. Trocknen lassen.

3. Einen dritten Grünton auswählen und die fehlenden Blätter damit ergänzen. Trocknen lassen.

4. Die Beeren in Form kleiner roter Punkte malen. Rund um die Beeren ein paar einzelne Blätter anordnen. Alle Stellen, die zu karg wirken, mit einzelnen Blättern und Beeren auffüllen.

Eis in der Waffel

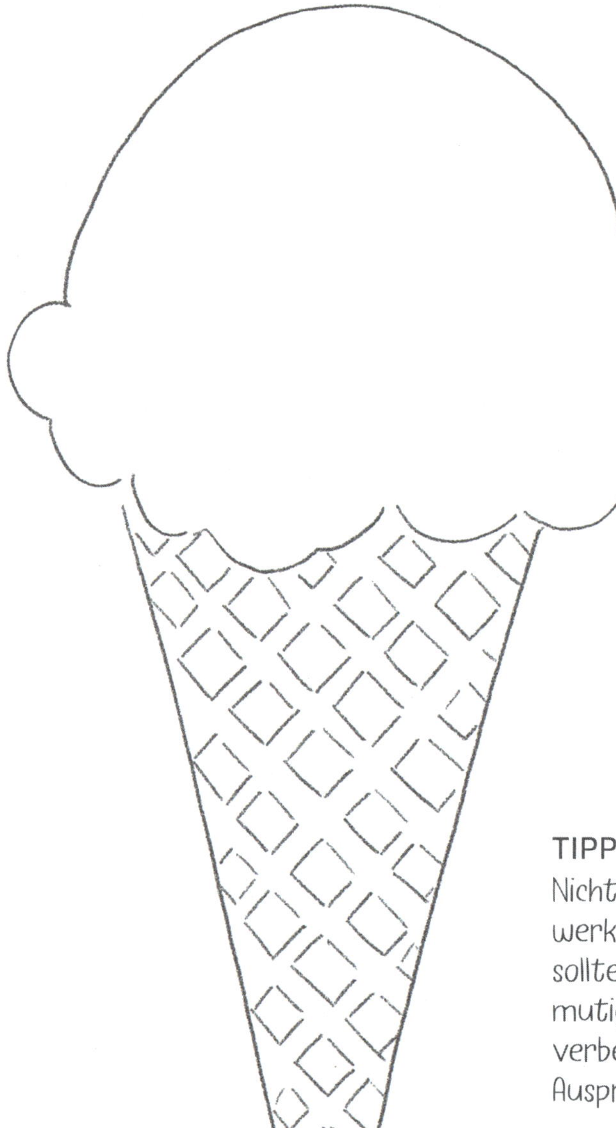

TIPP

Nicht jedes Aquarell wird ein Meisterwerk. Das ist völlig normal und du solltest dich davon auf keinen Fall entmutigen lassen. Deine Aquarelltechnik verbessert sich nach und nach durch Ausprobieren und Übung.

PINSEL

- großer Pinsel für die Schritte 1 und 2 (Nr. 8, 10)
- kleiner Pinsel für die Details (Nr. 3)

FARBPALETTE

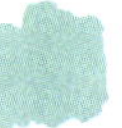

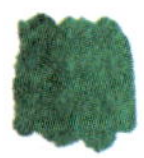

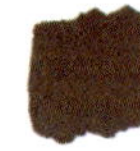

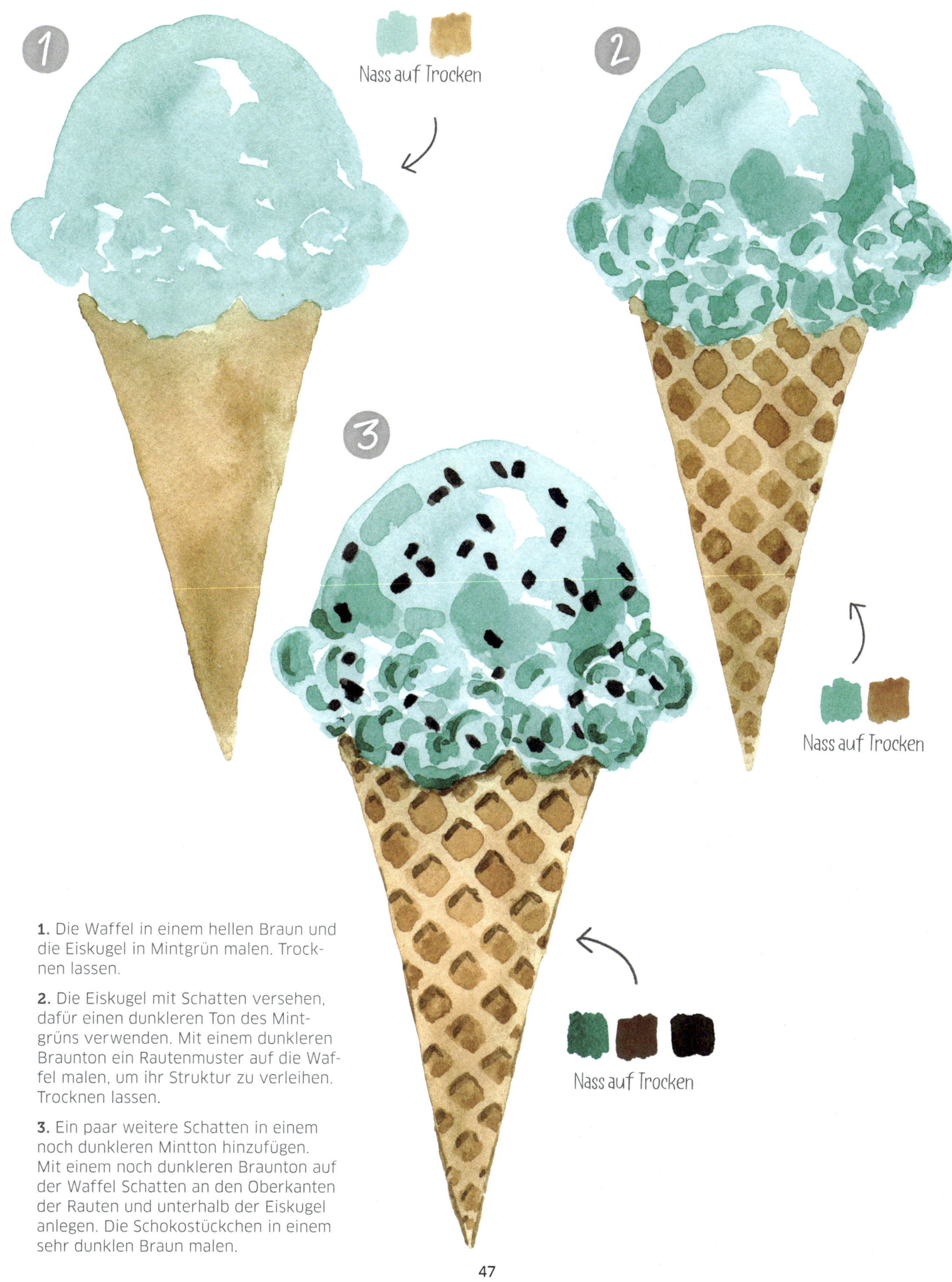

1. Die Waffel in einem hellen Braun und die Eiskugel in Mintgrün malen. Trocknen lassen.

2. Die Eiskugel mit Schatten versehen, dafür einen dunkleren Ton des Mintgrüns verwenden. Mit einem dunkleren Braunton ein Rautenmuster auf die Waffel malen, um ihr Struktur zu verleihen. Trocknen lassen.

3. Ein paar weitere Schatten in einem noch dunkleren Mintton hinzufügen. Mit einem noch dunkleren Braunton auf der Waffel Schatten an den Oberkanten der Rauten und unterhalb der Eiskugel anlegen. Die Schokostückchen in einem sehr dunklen Braun malen.

Kaktus im Topf

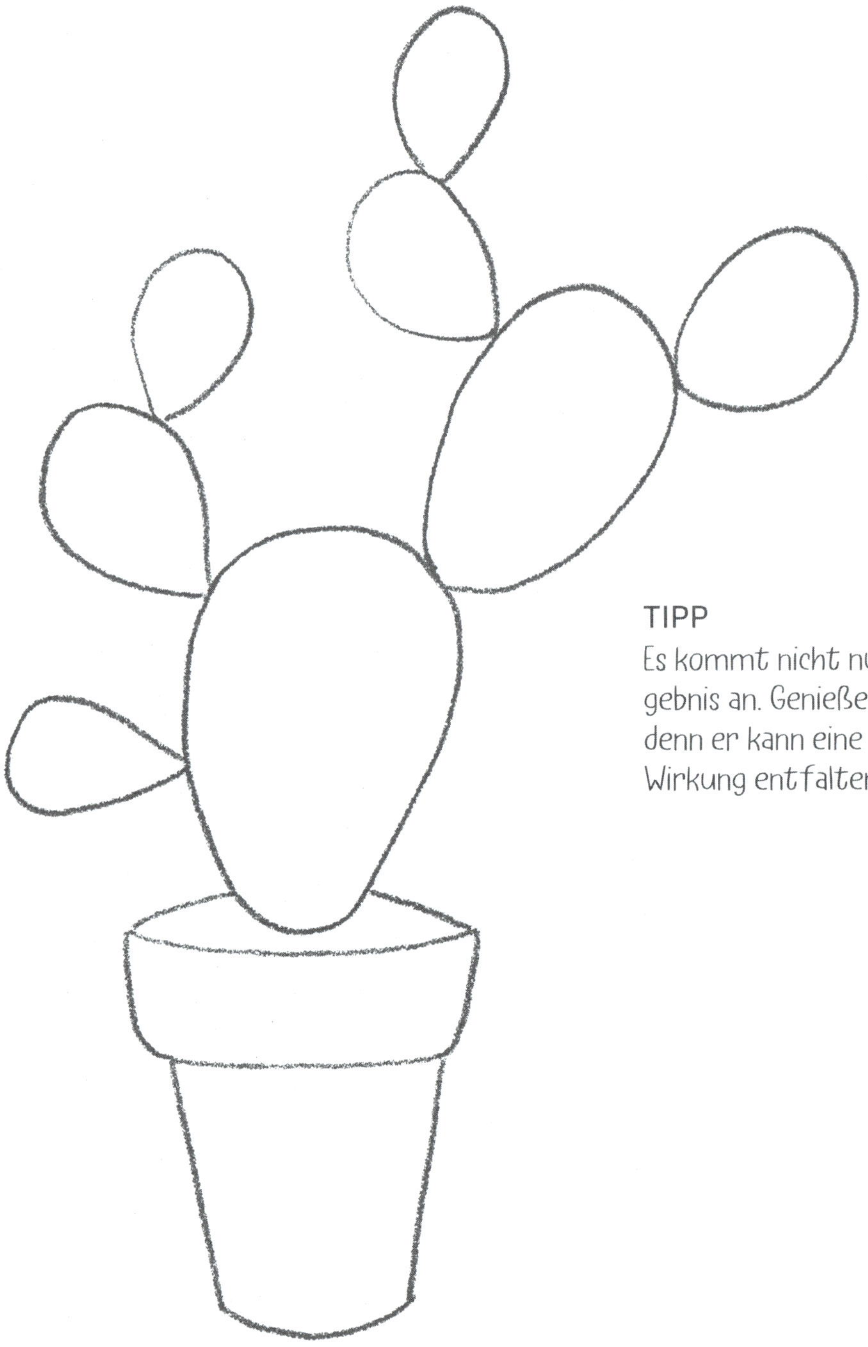

TIPP

Es kommt nicht nur auf das Ergebnis an. Genieße den Malprozess, denn er kann eine therapeutische Wirkung entfalten.

PINSEL

- mittelgroßer Pinsel (Nr. 4, 6)
- kleiner Pinsel für die Details (Nr. 2, 3)

FARBPALETTE

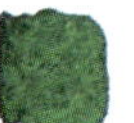
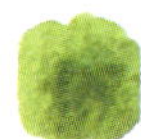
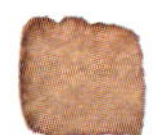
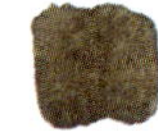

1. Die Fläche des Motivs mit Wasser anfeuchten. Solange das Papier noch feucht ist, dunkelgrüne Farbe im unteren Bereich der Kaktussegmente auftragen und hellgrüne Farbe im oberen Bereich. Darauf achten, dass die Farben nass genug sind, um miteinander verschmelzen zu können. Sobald der Kaktus getrocknet ist, den Topf mit einer Schicht gebrannter Siena versehen. Wenn diese getrocknet ist, die Erde im Topf in Dunkelbraun malen. Trocknen lassen.

2. Dem Motiv durch das Übereinanderlegen mehrerer Farbschichten Tiefe verleihen. An der linken Seite des Topfes eine weitere Schicht gebrannte Siena auftragen und an den Rändern mit Wasser einen sanften Übergang zum Rest des Topfes erzeugen. Den gleichen Vorgang beim Kaktus wiederholen und im unteren Bereich der Segmente eine zweiten Schicht Dunkelgrün auftragen. Mit Wasser die harten Kanten auflösen und einen fließenden Übergang zum helleren oberen Bereich erzeugen. Trocknen lassen.

3. Mit einem kleinen Pinsel die Details hinzufügen. Den Kaktus mit Stacheln und den Topf mit einem dekorativen Muster versehen.

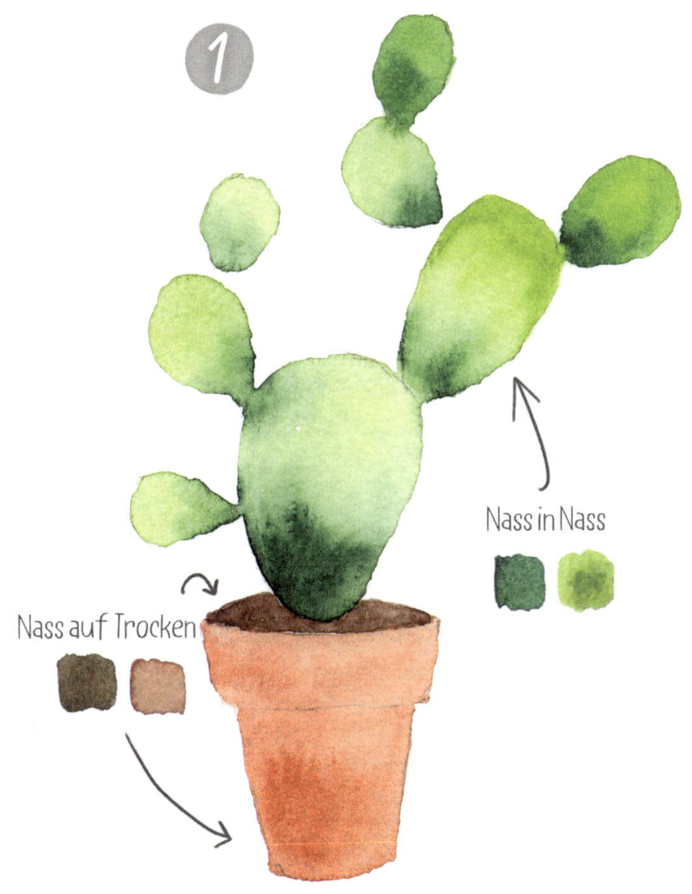

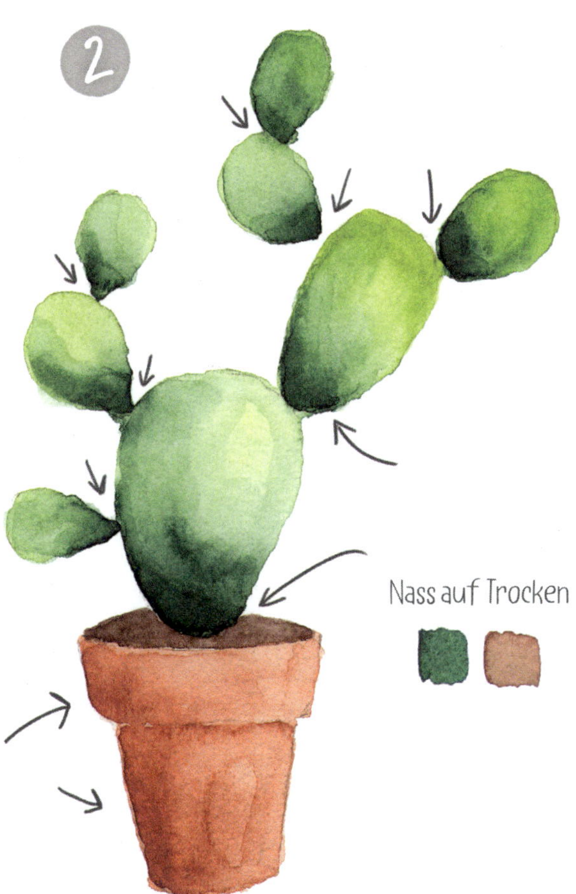

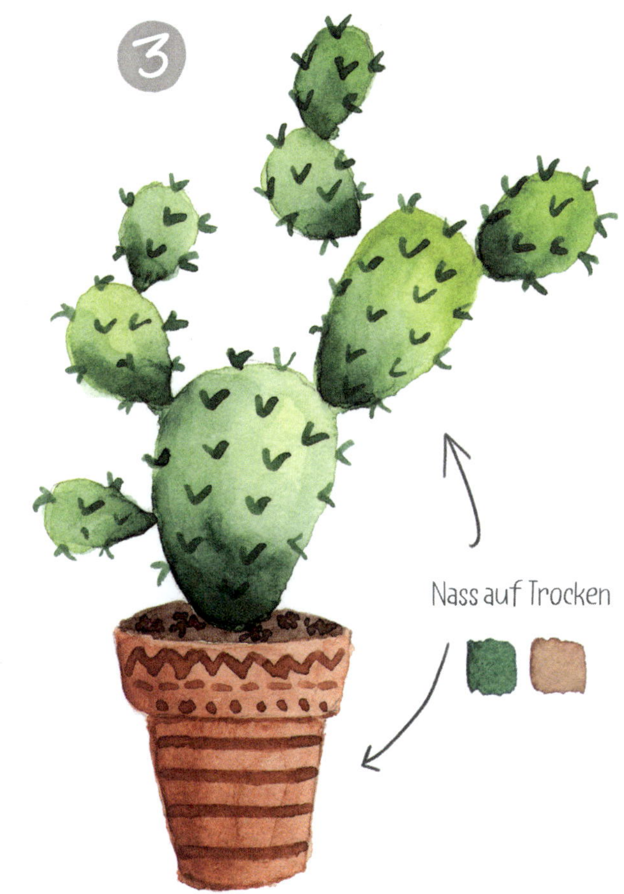

Schmetterling

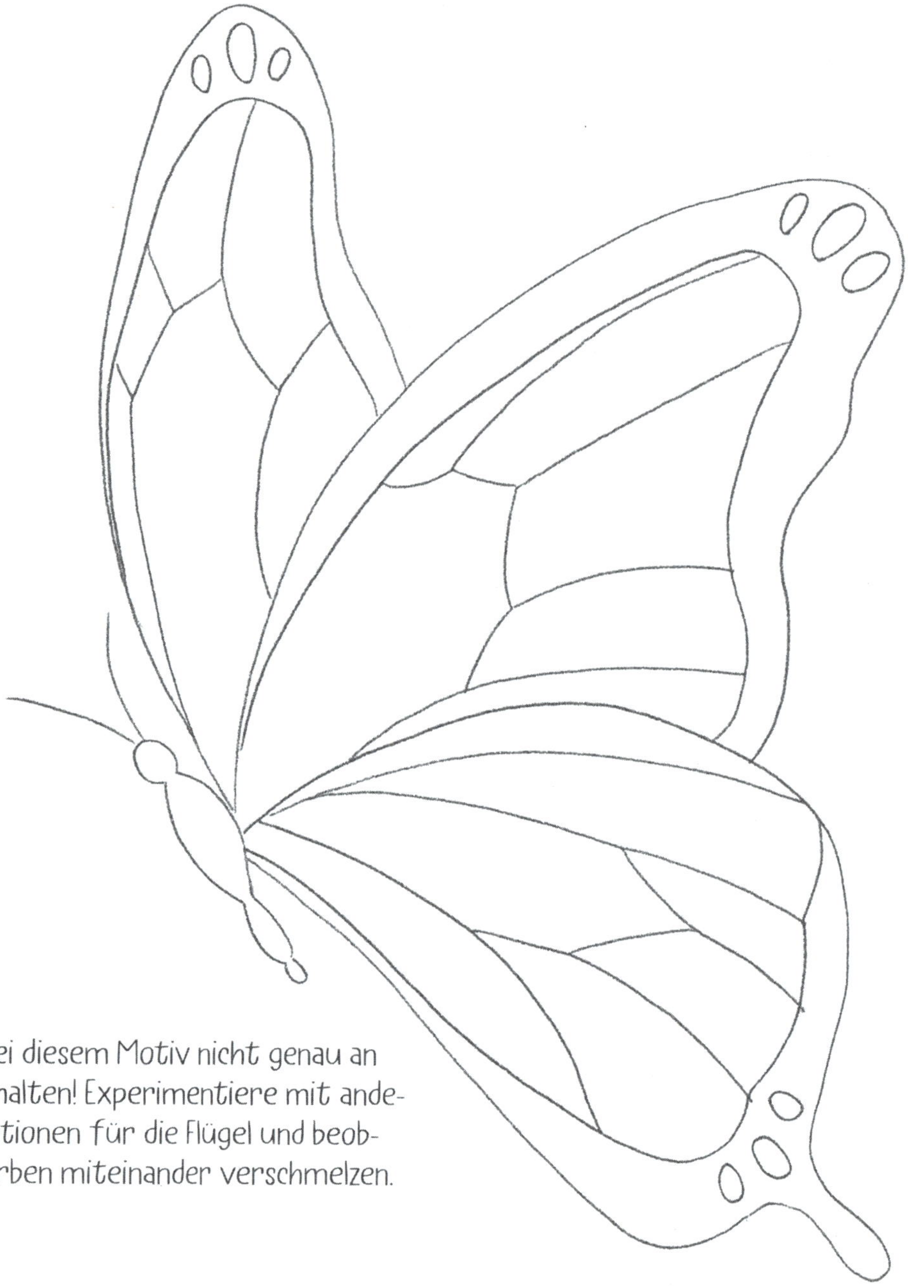

TIPP

Du musst dich bei diesem Motiv nicht genau an die Farbpalette halten! Experimentiere mit anderen Farbkombinationen für die Flügel und beobachte, wie die Farben miteinander verschmelzen.

PINSEL

- großer Pinsel für Körper und Flügel (Nr. 8, 10)
- kleiner Pinsel für die Flügeladern (Nr. 2, 3)

FARBPALETTE

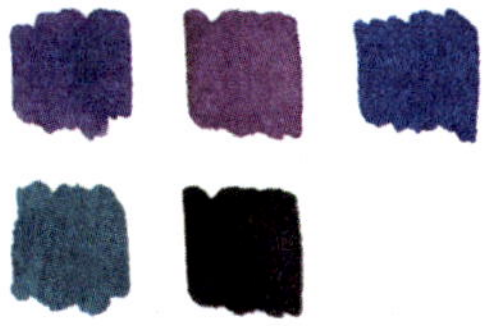

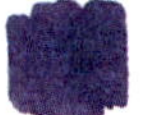
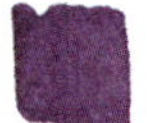
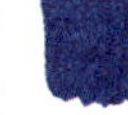
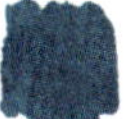

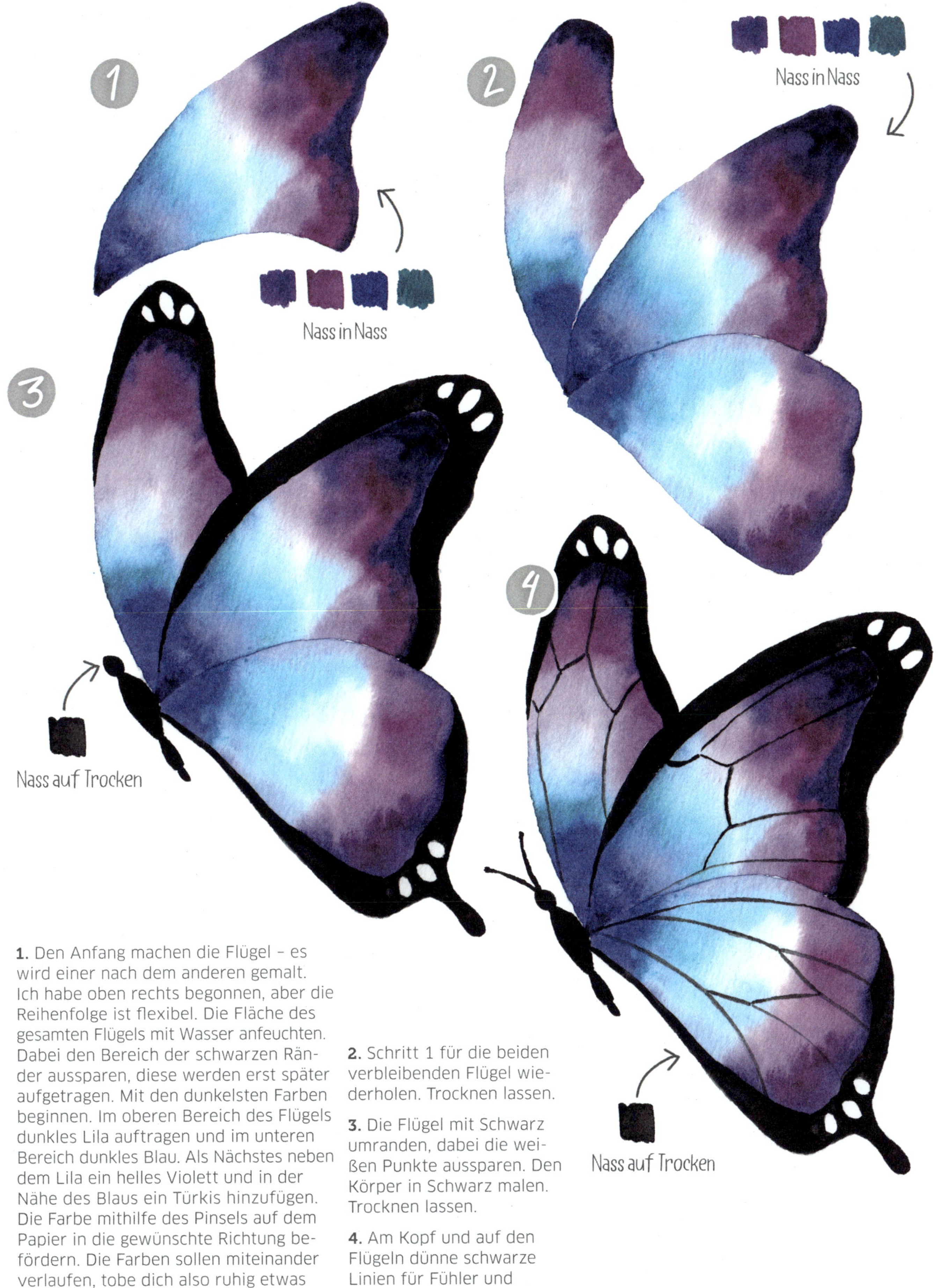

1. Den Anfang machen die Flügel – es wird einer nach dem anderen gemalt. Ich habe oben rechts begonnen, aber die Reihenfolge ist flexibel. Die Fläche des gesamten Flügels mit Wasser anfeuchten. Dabei den Bereich der schwarzen Ränder aussparen, diese werden erst später aufgetragen. Mit den dunkelsten Farben beginnen. Im oberen Bereich des Flügels dunkles Lila auftragen und im unteren Bereich dunkles Blau. Als Nächstes neben dem Lila ein helles Violett und in der Nähe des Blaus ein Türkis hinzufügen. Die Farbe mithilfe des Pinsels auf dem Papier in die gewünschte Richtung befördern. Die Farben sollen miteinander verlaufen, tobe dich also ruhig etwas aus! Trocknen lassen.

2. Schritt 1 für die beiden verbleibenden Flügel wiederholen. Trocknen lassen.

3. Die Flügel mit Schwarz umranden, dabei die weißen Punkte aussparen. Den Körper in Schwarz malen. Trocknen lassen.

4. Am Kopf und auf den Flügeln dünne schwarze Linien für Fühler und Flügeladern ergänzen.

Blumenampel

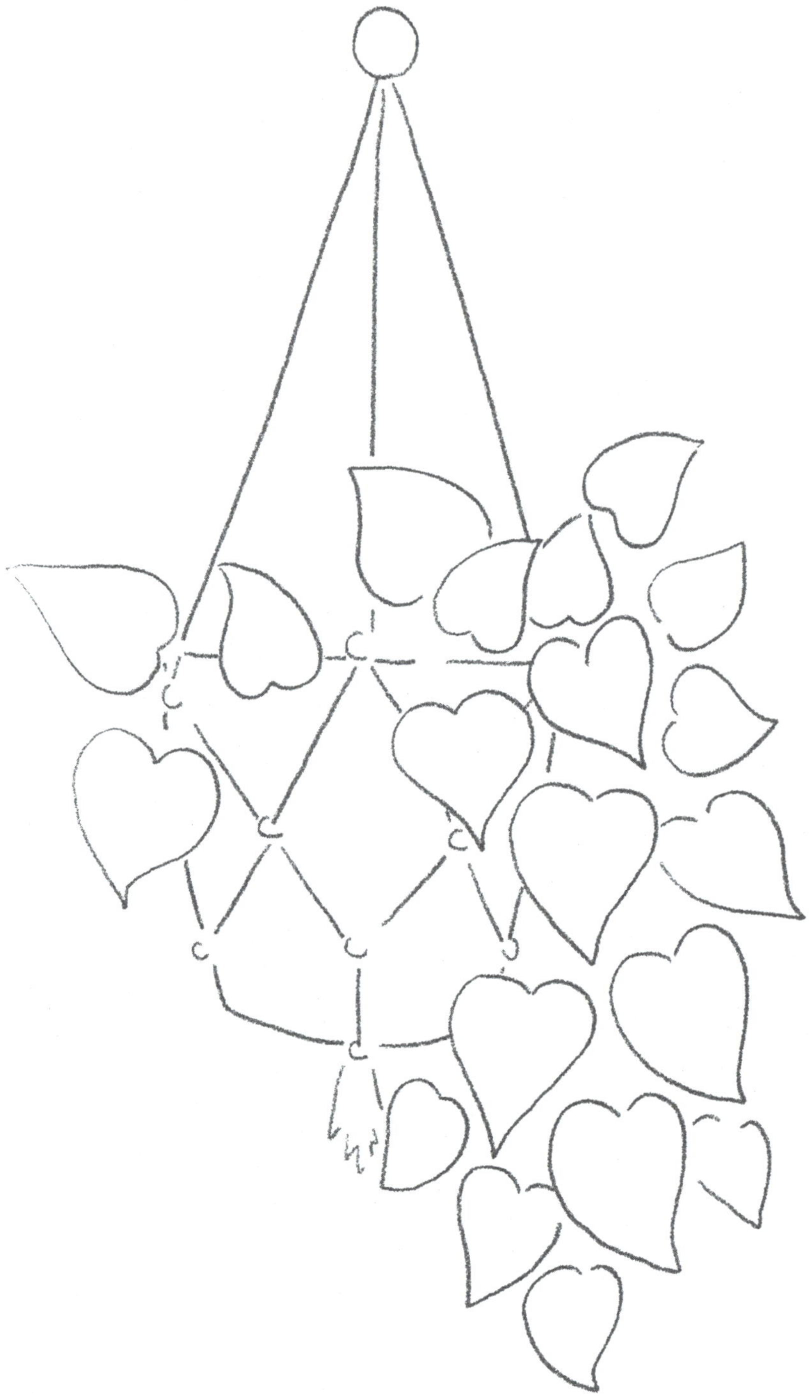

PINSEL

- mittelgroßer Pinsel (Nr. 4, 6)

FARBPALETTE

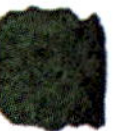
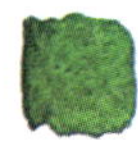

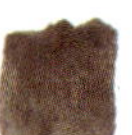

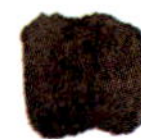

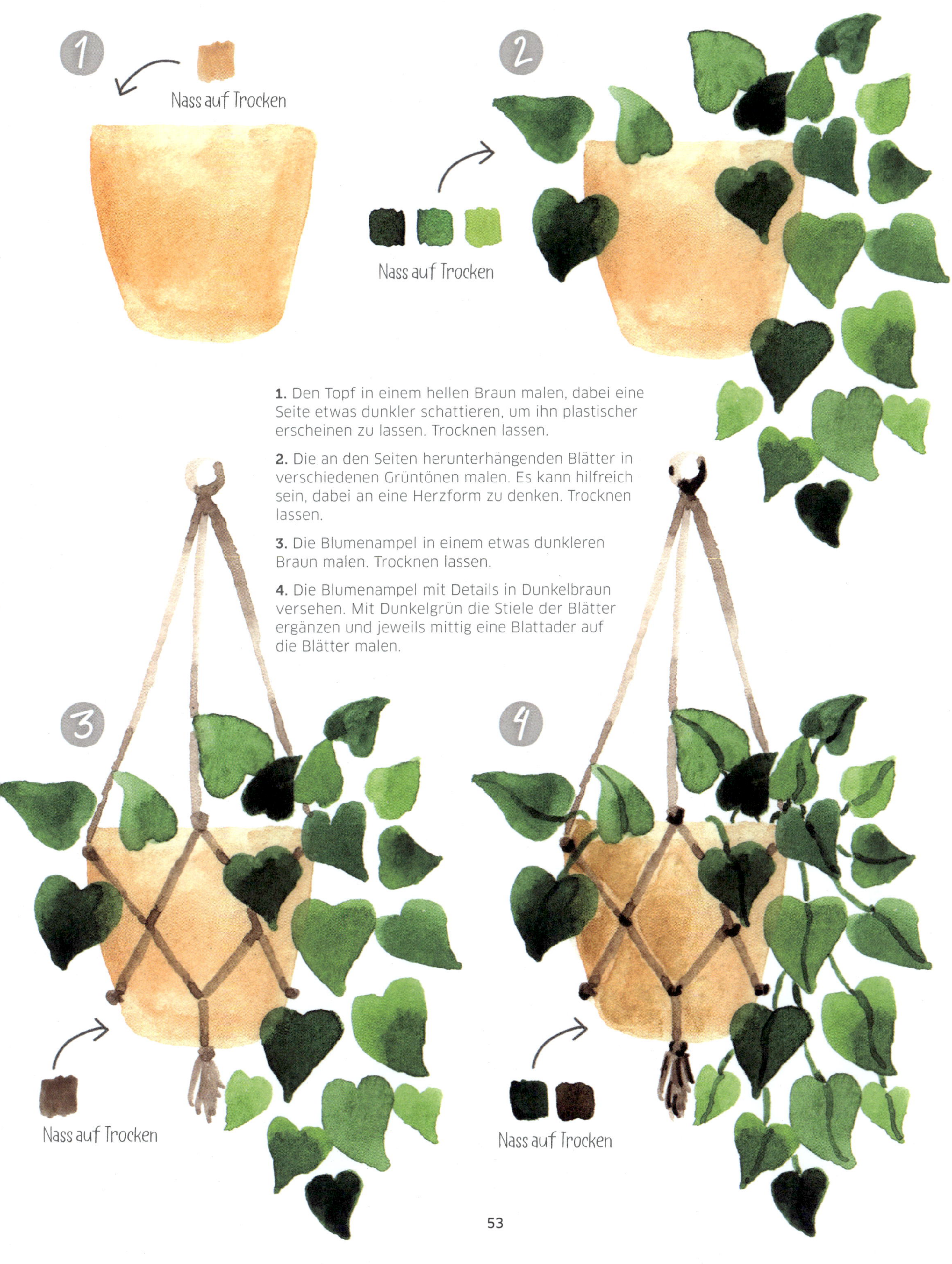

1. Den Topf in einem hellen Braun malen, dabei eine Seite etwas dunkler schattieren, um ihn plastischer erscheinen zu lassen. Trocknen lassen.

2. Die an den Seiten herunterhängenden Blätter in verschiedenen Grüntönen malen. Es kann hilfreich sein, dabei an eine Herzform zu denken. Trocknen lassen.

3. Die Blumenampel in einem etwas dunkleren Braun malen. Trocknen lassen.

4. Die Blumenampel mit Details in Dunkelbraun versehen. Mit Dunkelgrün die Stiele der Blätter ergänzen und jeweils mittig eine Blattader auf die Blätter malen.

Pfingstrose

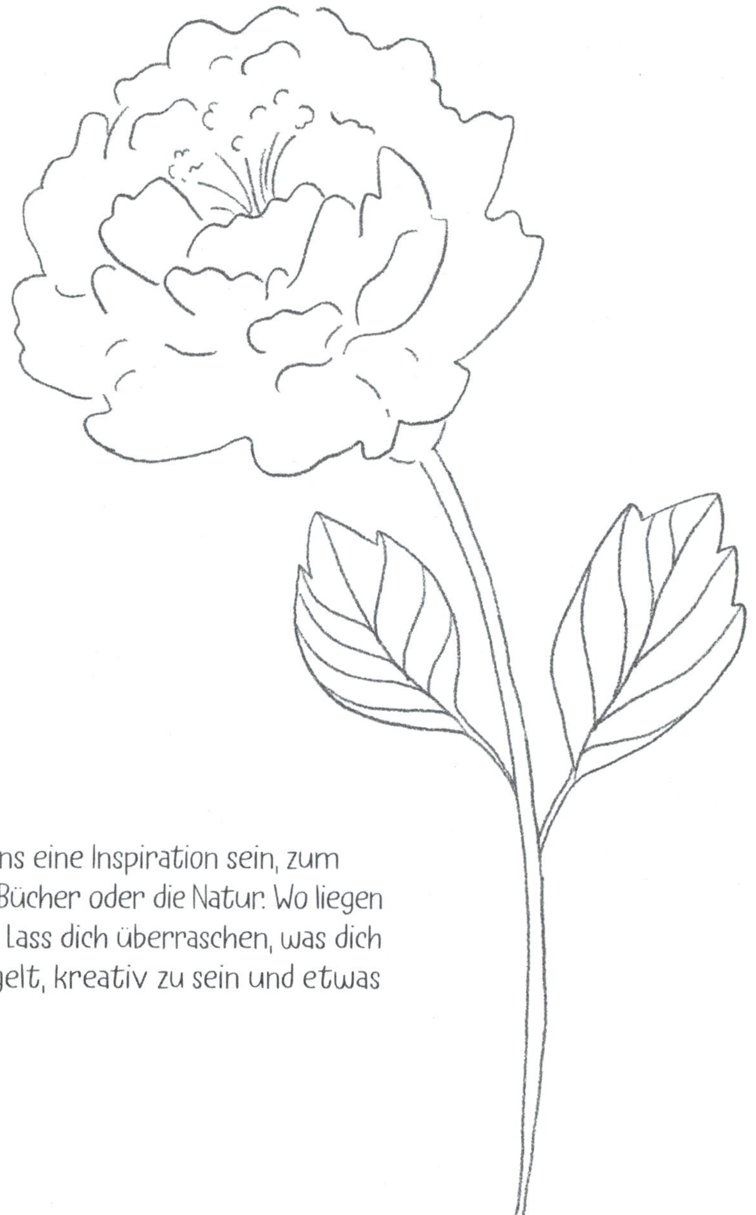

TIPP

Vieles kann für uns eine Inspiration sein, zum Beispiel die Kunst, Bücher oder die Natur. Wo liegen deine Interessen? Lass dich überraschen, was dich persönlich beflügelt, kreativ zu sein und etwas zu gestalten!.

PINSEL

- mittelgroßer/großer Pinsel für die Blütenblätter, den Stiel und die Blätter (Nr. 6, 8)
- kleiner Pinsel für die Details (Nr. 3)

FARBPALETTE

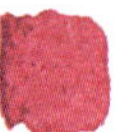
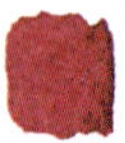

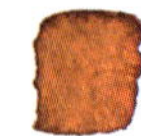
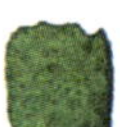

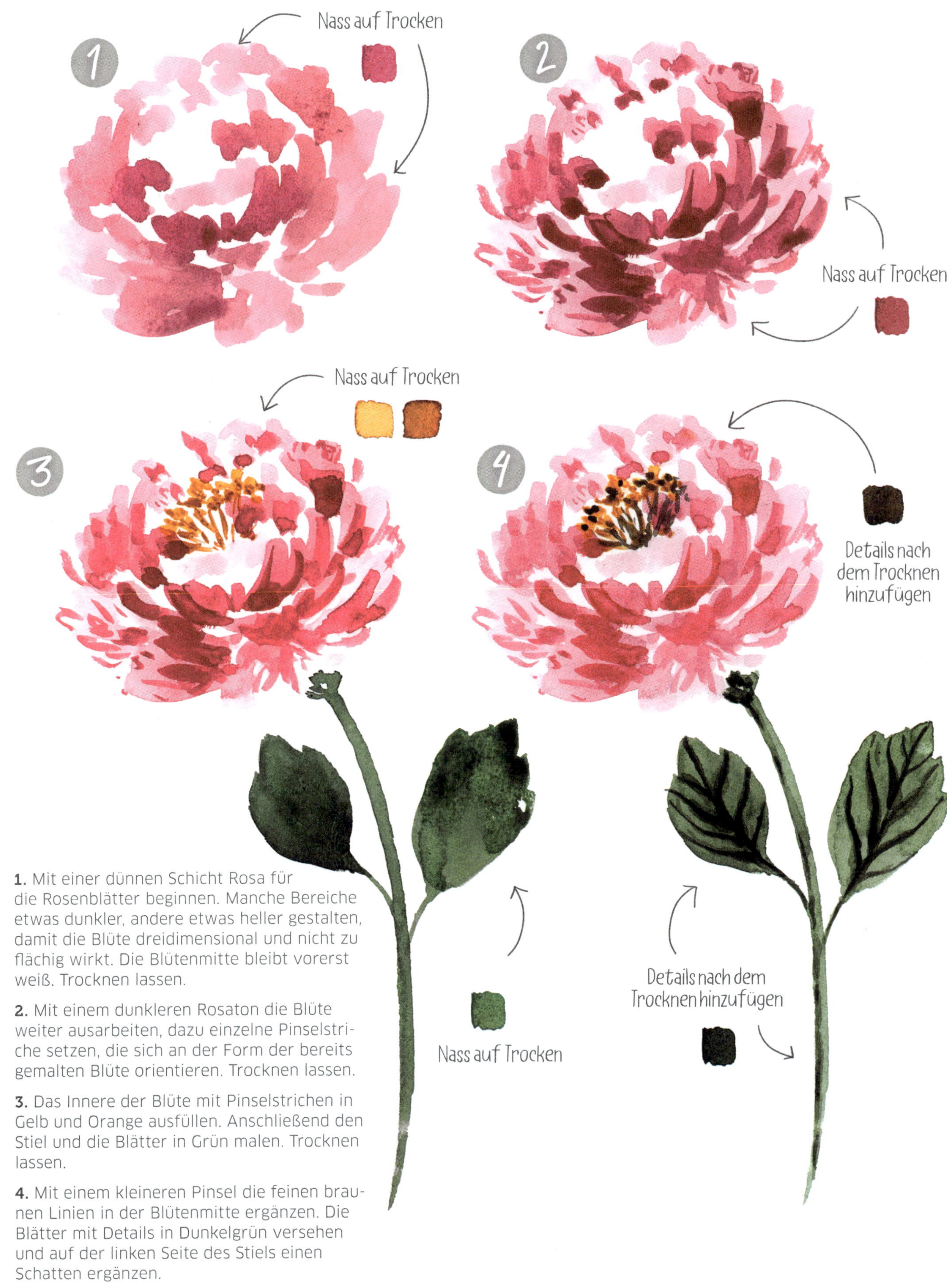

1. Mit einer dünnen Schicht Rosa für die Rosenblätter beginnen. Manche Bereiche etwas dunkler, andere etwas heller gestalten, damit die Blüte dreidimensional und nicht zu flächig wirkt. Die Blütenmitte bleibt vorerst weiß. Trocknen lassen.

2. Mit einem dunkleren Rosaton die Blüte weiter ausarbeiten, dazu einzelne Pinselstriche setzen, die sich an der Form der bereits gemalten Blüte orientieren. Trocknen lassen.

3. Das Innere der Blüte mit Pinselstrichen in Gelb und Orange ausfüllen. Anschließend den Stiel und die Blätter in Grün malen. Trocknen lassen.

4. Mit einem kleineren Pinsel die feinen braunen Linien in der Blütenmitte ergänzen. Die Blätter mit Details in Dunkelgrün versehen und auf der linken Seite des Stiels einen Schatten ergänzen.

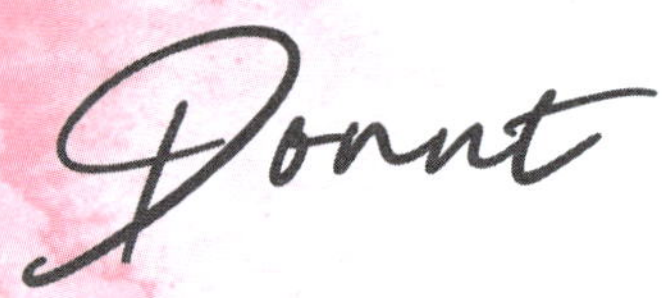

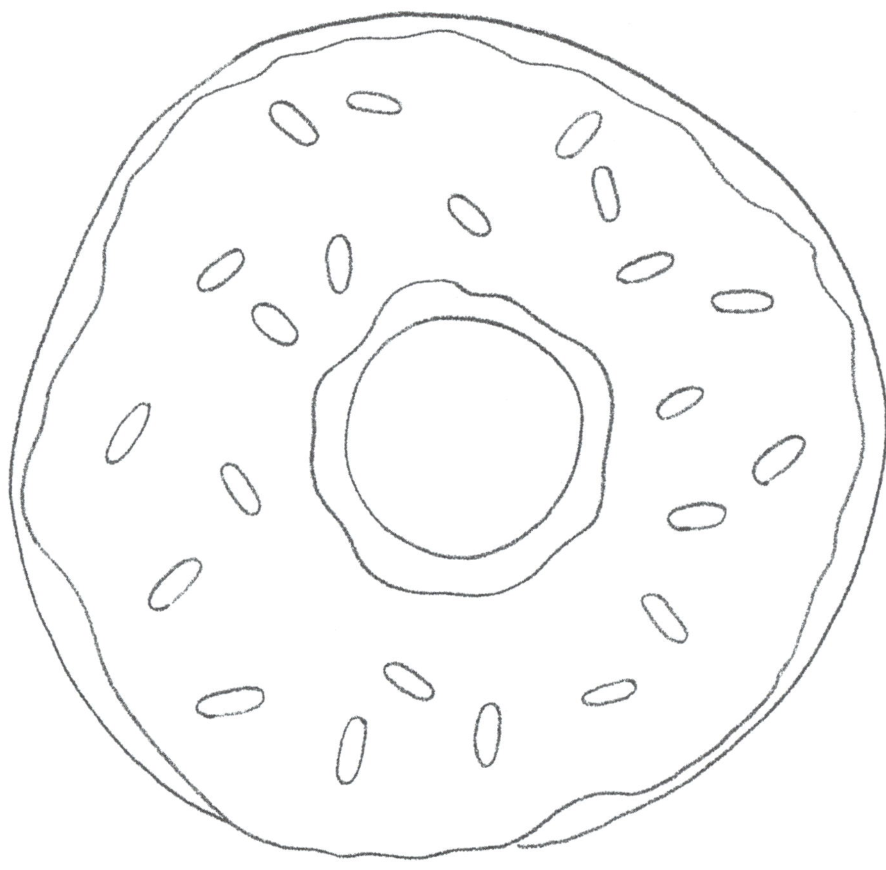

TIPP

Aquarellfarben, die auf der Palette eingetrocknet sind, lassen sich noch benutzen. Einfach ein bisschen Wasser hinzugeben.

PINSEL

- großer Pinsel für die Glasur (Nr. 8, 10)
- mittelgroßer Pinsel für den Donut und die Details (Nr. 4, 6)
- kleiner Pinsel für die Schatten (Nr. 2, 3)

FARBPALETTE

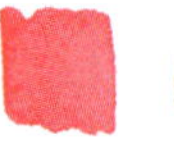
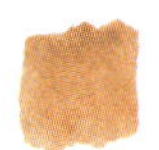
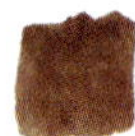

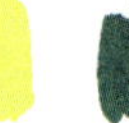
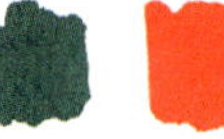

1. Die Fläche der Glasur mit Wasser anfeuchten. Dann ein helles Rosa auf die feuchte Fläche geben und die Farbe mit dem Pinsel wie gewünscht verteilen. Die dunkelsten Stellen sollten an den Rändern innen und außen liegen. Trocknen lassen.

2. Mehr rosa Farbe auf den Pinsel aufnehmen und nochmal über die Stellen in der Mitte und an den Rändern gehen. Trocknen lassen.

3. Den Donutteig mit einem hellen Braunton malen. Trocknen lassen.

4. Dort, wo der Teig an die Glasur grenzt, mit einem dunkleren Braunton Akzente setzen. Dies verleiht dem Motiv ein plastischeres Erscheinungsbild. Anschließend die Streusel in den gewünschten Farben hinzufügen.

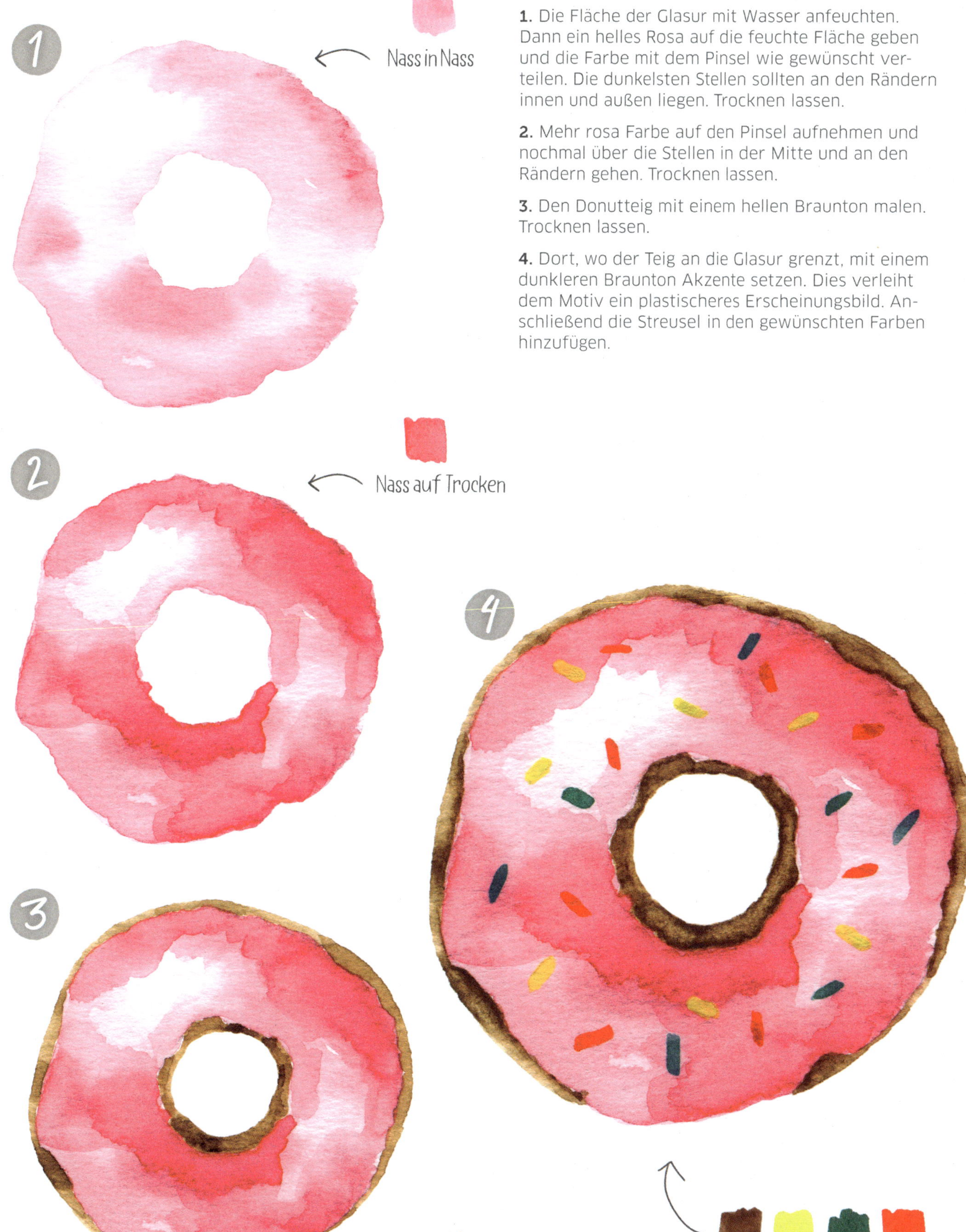

feder

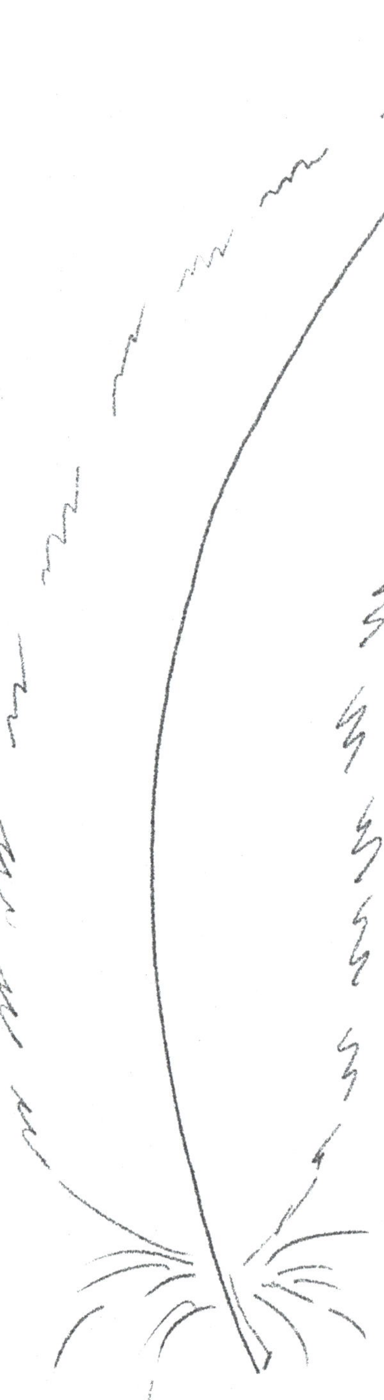

TIPP

Es gibt drei Arten von Aquarellpapier: Heiß gepresste Papiere sind glatt, kalt gepresste Papiere haben etwas Oberflächenstruktur und dann gibt es noch Papiere mit rauer Oberflächenstruktur.

PINSEL

- großer Pinsel für die Feder (Nr. 8, 10)
- mittelgroßer Pinsel für die Details (Nr. 4, 6)

FARBPALETTE

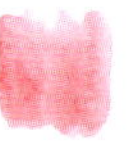
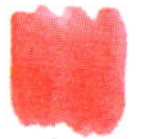
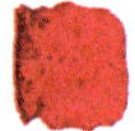
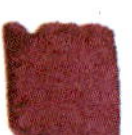
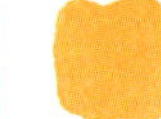

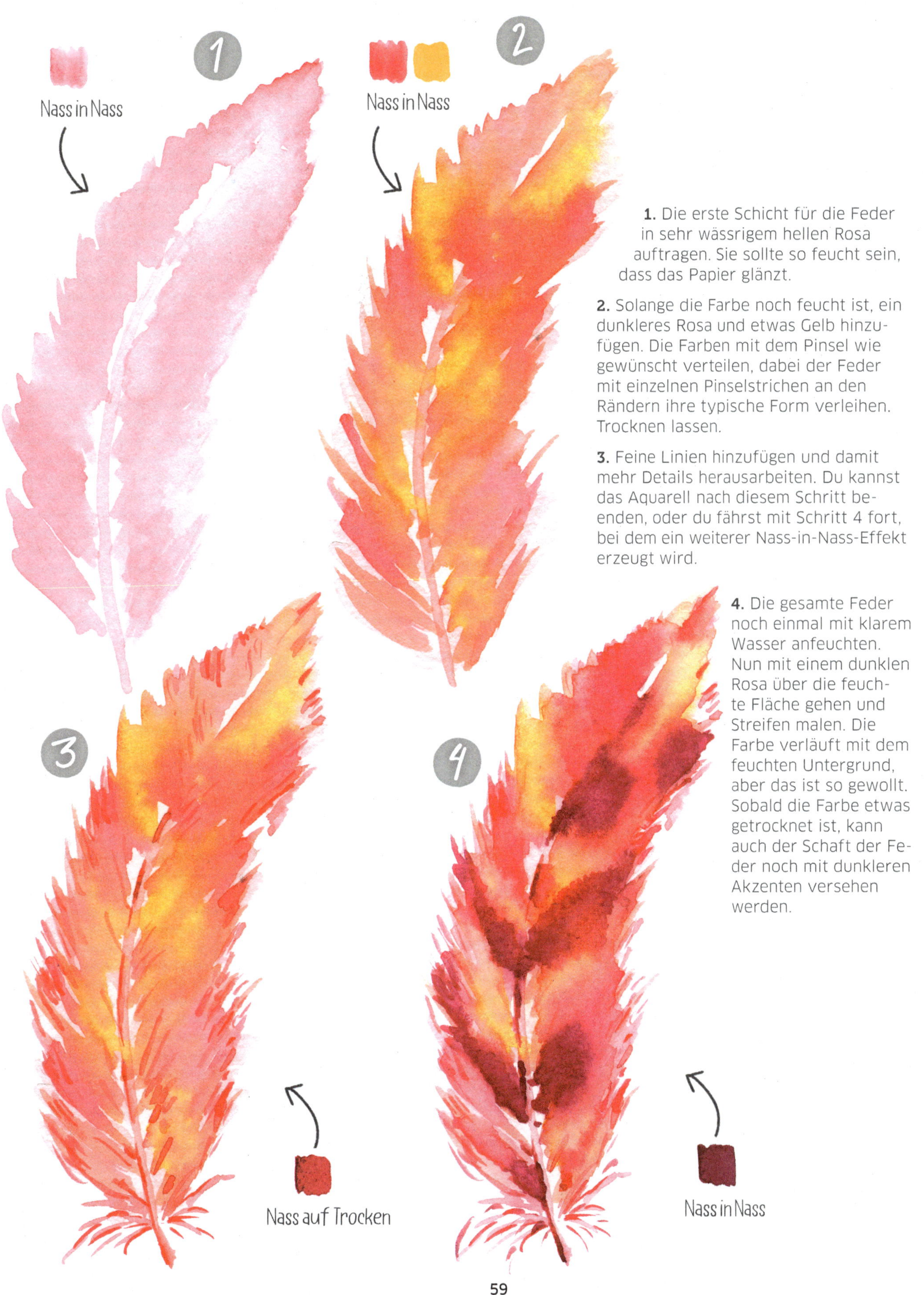

1. Die erste Schicht für die Feder in sehr wässrigem hellen Rosa auftragen. Sie sollte so feucht sein, dass das Papier glänzt.

2. Solange die Farbe noch feucht ist, ein dunkleres Rosa und etwas Gelb hinzufügen. Die Farben mit dem Pinsel wie gewünscht verteilen, dabei der Feder mit einzelnen Pinselstrichen an den Rändern ihre typische Form verleihen. Trocknen lassen.

3. Feine Linien hinzufügen und damit mehr Details herausarbeiten. Du kannst das Aquarell nach diesem Schritt beenden, oder du fährst mit Schritt 4 fort, bei dem ein weiterer Nass-in-Nass-Effekt erzeugt wird.

4. Die gesamte Feder noch einmal mit klarem Wasser anfeuchten. Nun mit einem dunklen Rosa über die feuchte Fläche gehen und Streifen malen. Die Farbe verläuft mit dem feuchten Untergrund, aber das ist so gewollt. Sobald die Farbe etwas getrocknet ist, kann auch der Schaft der Feder noch mit dunkleren Akzenten versehen werden.

Schneckenhaus

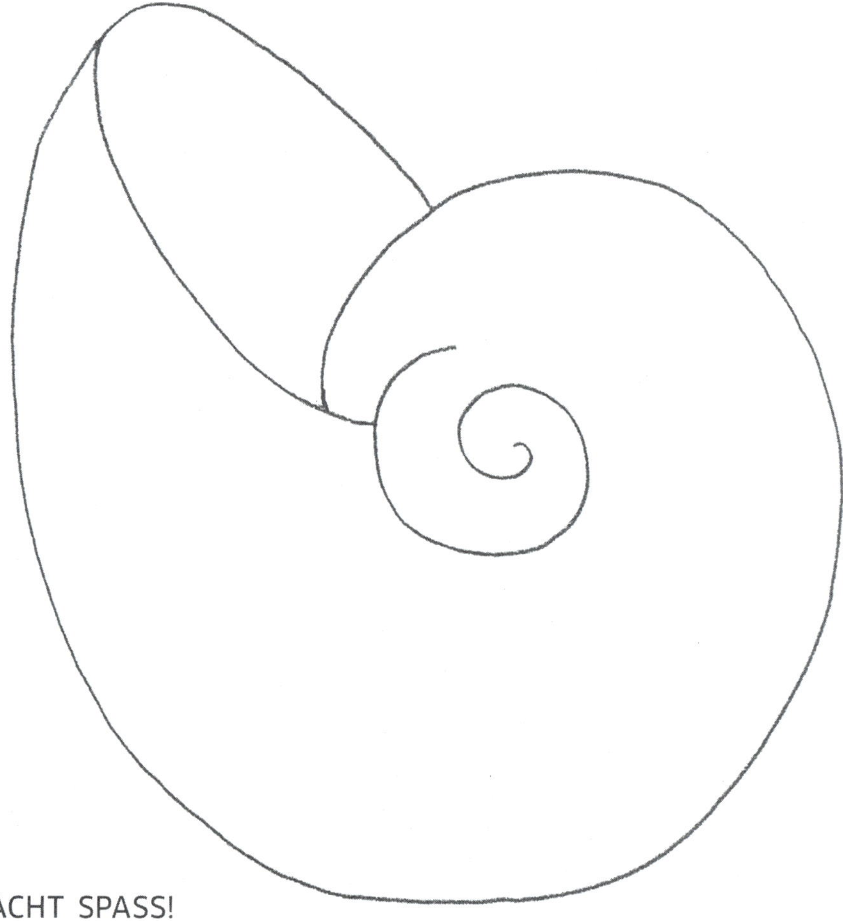

DIESE TECHNIK MACHT SPASS!

Mit dem Pinsel reichlich Farbe und Wasser aufnehmen. Nun die Farbe auf das Papier spritzen, indem die Borsten mit den Fingern zurückgebogen und dann losgelassen werden.

PINSEL

- großer Pinsel für die Muschel (Nr. 8, 10)
- mittelgroßer Pinsel für die Streifen (Nr. 4, 6)
- kleiner Pinsel für die Details (Nr. 3)

FARBPALETTE

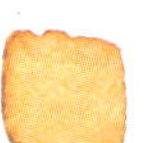 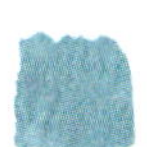 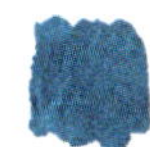 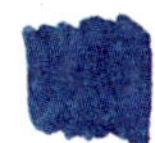

1. Die Fläche der Außenseite des Schneckenhauses mit Wasser anfeuchten. Blautöne und helle Brauntöne auf die feuchte Fläche geben, dabei die dunkelsten Stellen entlang der Ränder konzentrieren. Das Schneckenhaus sollte auf der Höhe der Wölbungen nach vorne am hellsten sein. Trocknen lassen.

2. Die Öffnung des Schneckenhauses in einem dunkleren Blau ausfüllen. Anschließend die Spirale in der Mitte aufmalen. Jetzt geschwungene Linien aufsetzen, die von der Spirale in der Mitte nach außen verlaufen. Trocknen lassen.

3. Mit einem noch dunkleren Blauton über die Öffnung der Muschel gehen. Die Spirale und die Außenränder mit dunklen Akzenten versehen.

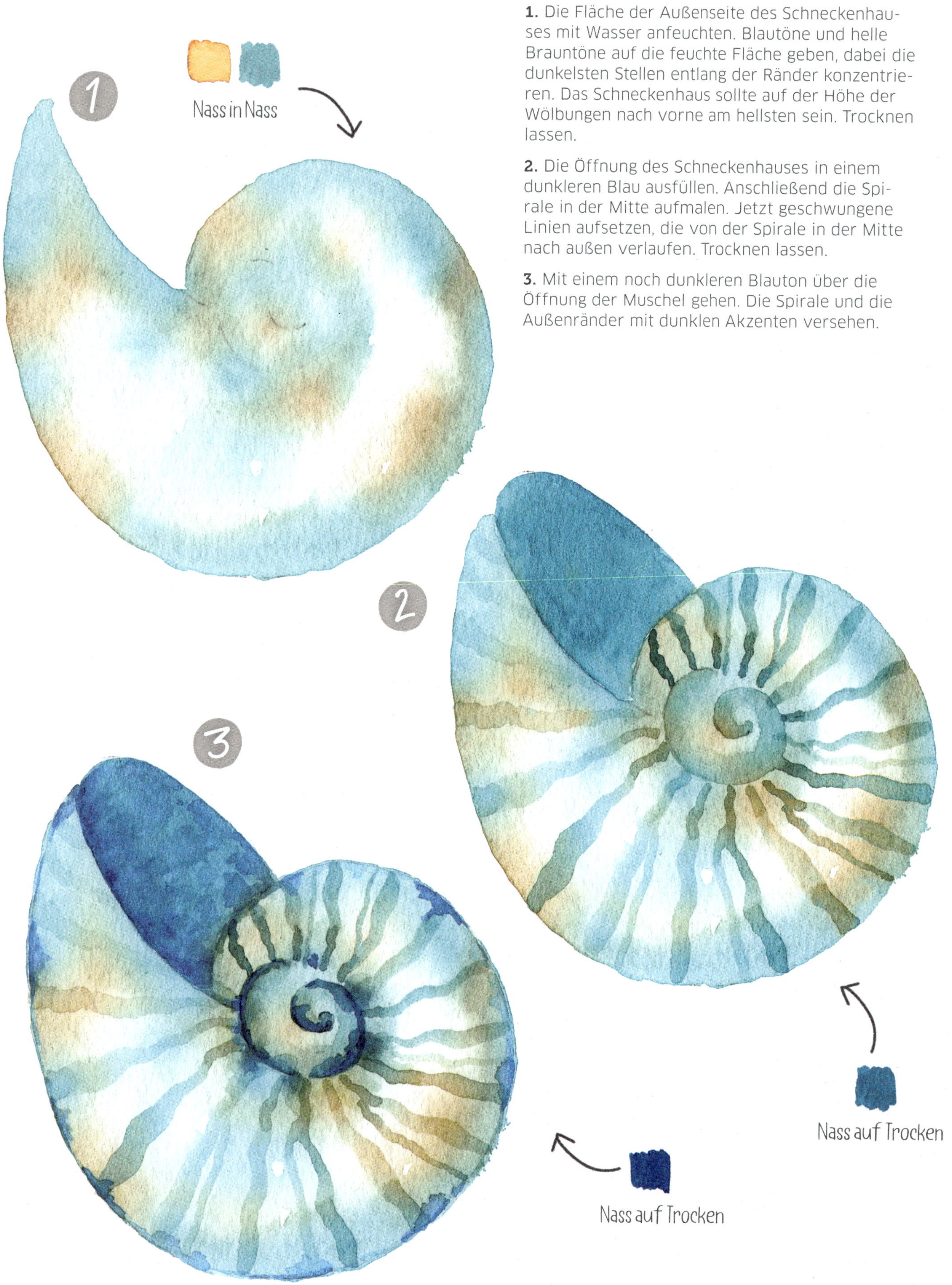

Elefant

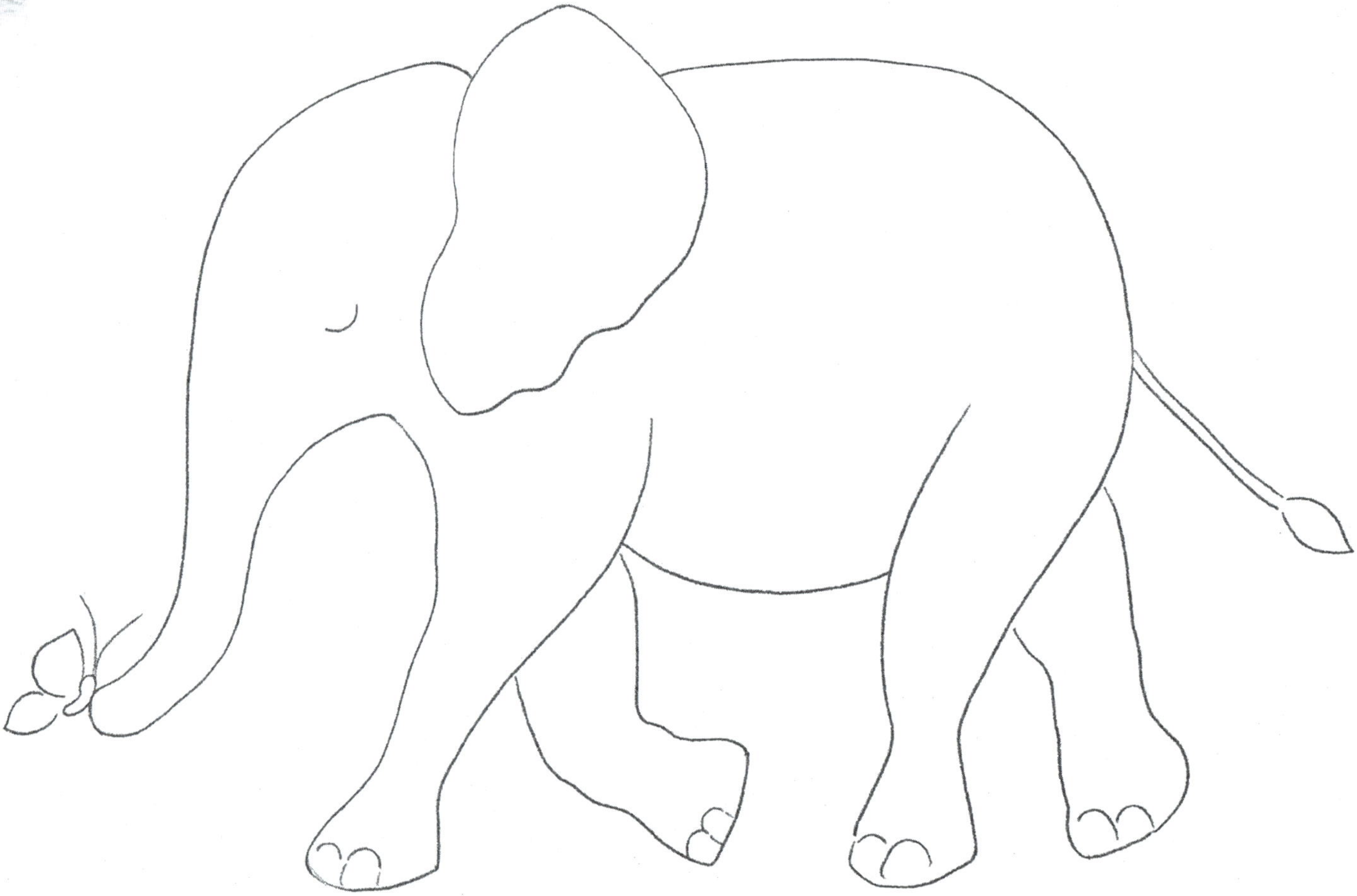

PINSEL

- großer Pinsel für den Körper (Nr. 8, 10)
- kleiner Pinsel für die Details (Nr. 2, 3)

FARBPALETTE

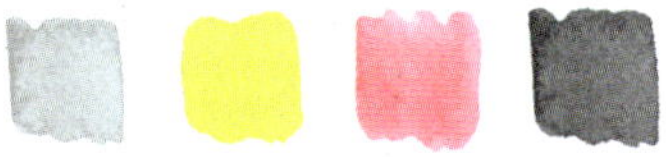

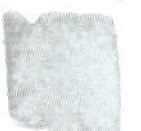  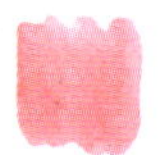 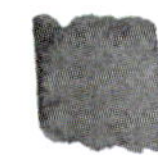

1. Die Fläche des Elefantenkörpers mit viel Wasser anfeuchten, nur die Fußnägel aussparen. Ein helles Grau auf die feuchte Fläche geben und die Farbe mit dem Pinsel wie gewünscht verteilen. Solange die Farbe noch feucht ist, etwas helles Rosa und Gelb hinzugeben. Die leuchtenden Farben lockern die einfarbige Fläche etwas auf – hier gibt es kein Richtig oder Falsch. Trocknen lassen.

2. Die Form des Elefanten mit Mittelgrau an den Rändern des Ohrs, der Unterseite des Bauchs und den Kanten der Beine und des Rüssels herausarbeiten. Die Beine, die am weitesten vom Betrachter entfernt sind, sollten die dunkelste Schattierung erhalten. Weiche Übergänge zur ersten Farbschicht schaffen. Trocknen lassen.

3. Die letzten Details hinzufügen. Für das Auge, den Schwanz und die Fußnägel das gleiche Mittelgrau verwenden. Mit einem feinen Pinsel die Beine und den Rüssel mit Falten versehen. Mit dem Grau-Gelb- und Rosaton aus Schritt 1 einen Schmetterling auf die Spitze des Rüssels malen.

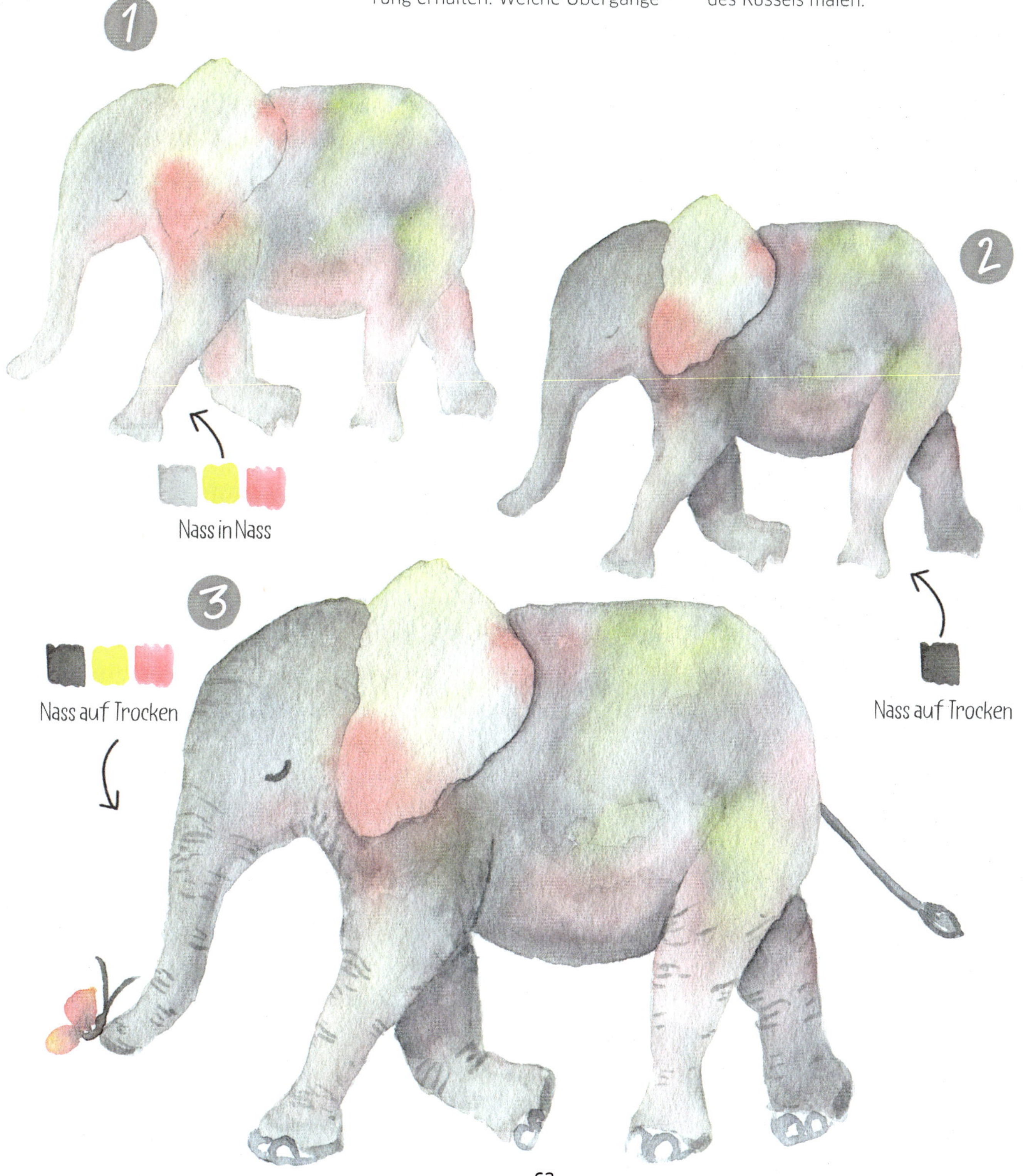

Margarita

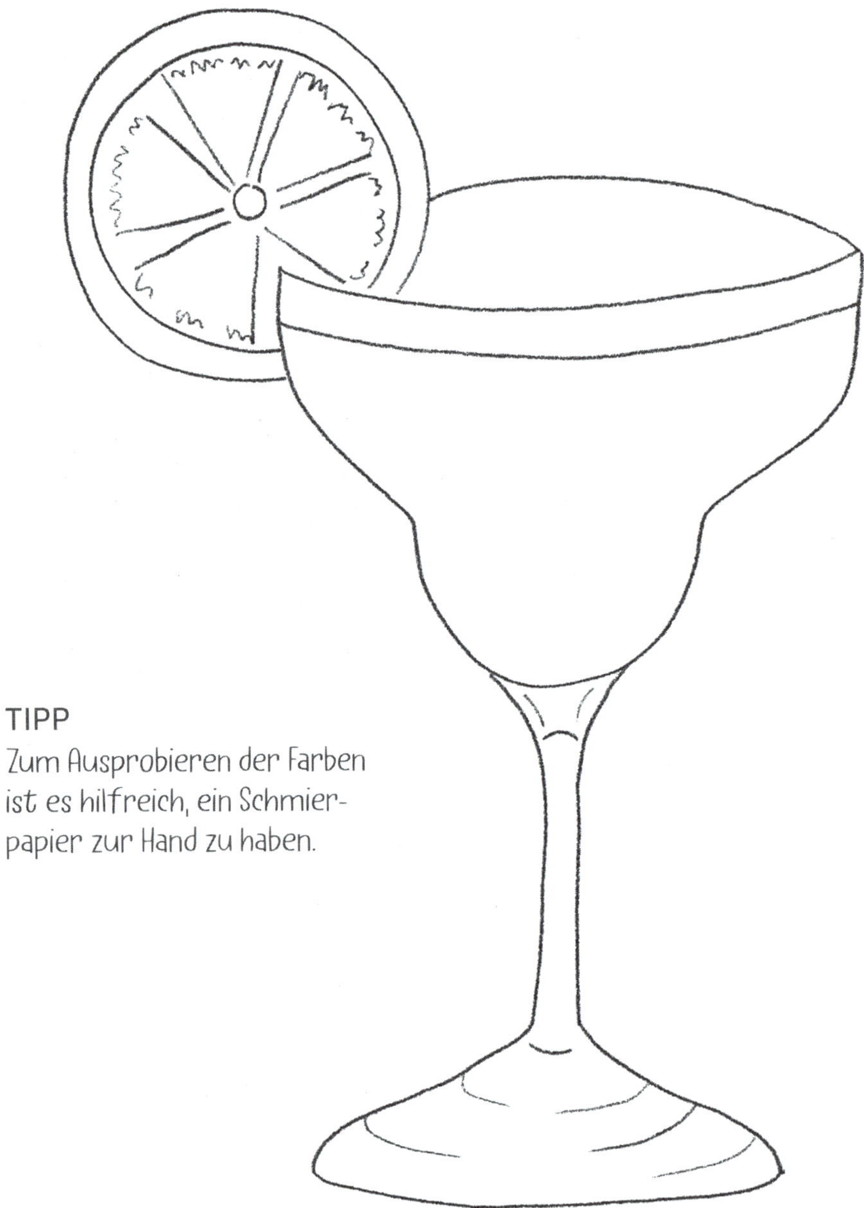

TIPP
Zum Ausprobieren der Farben ist es hilfreich, ein Schmierpapier zur Hand zu haben.

PINSEL

- mittelgroßer/großer Pinsel (Nr. 6, 8)
- kleiner Pinsel für die Details (Nr. 2, 3)

FARBPALETTE

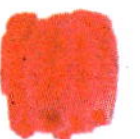
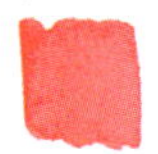
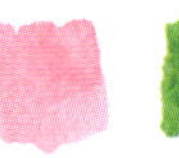
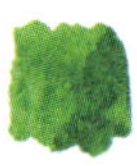
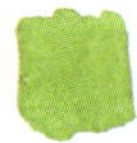
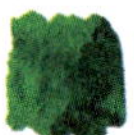

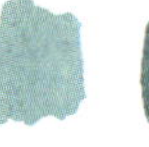

1. Die Fläche, die anschließend mit den Rot- und Rosatönen für den Cocktail ausgefüllt wird, mit Wasser anfeuchten. Die Rot- und Rosatöne auf die feuchte Fläche geben und die Farbe mit dem Pinsel wie gewünscht verteilen. Eine weiße Fläche als Glanzlicht aussparen. Trocknen lassen.

2. Als erste Farbschicht für das Glas ein sehr helles Grau mit Blaustich auftragen. Anschließend die Limettenscheibe hinzufügen. Für das Fruchtfleisch ein helles Grün und für die Schale ein dunkles Grün verwenden. Trocknen lassen.

3. Das Glas mit Schatten in einem etwas dunkleren Ton des Graublaus versehen. Für das Salz kleine Punkte entlang des Glasrands verteilen. An der Limettenscheibe weitere Details in dunklen Grüntönen ergänzen. Trocknen lassen.

4. Am Glas noch weitere Schatten in einem dunkleren Blaugrün hinzufügen. Das Rot der Margarita noch etwas intensivieren, dabei darauf achten, dass die Übergänge zwischen den Farbflächen weich sind und keine harten Kanten entstehen.

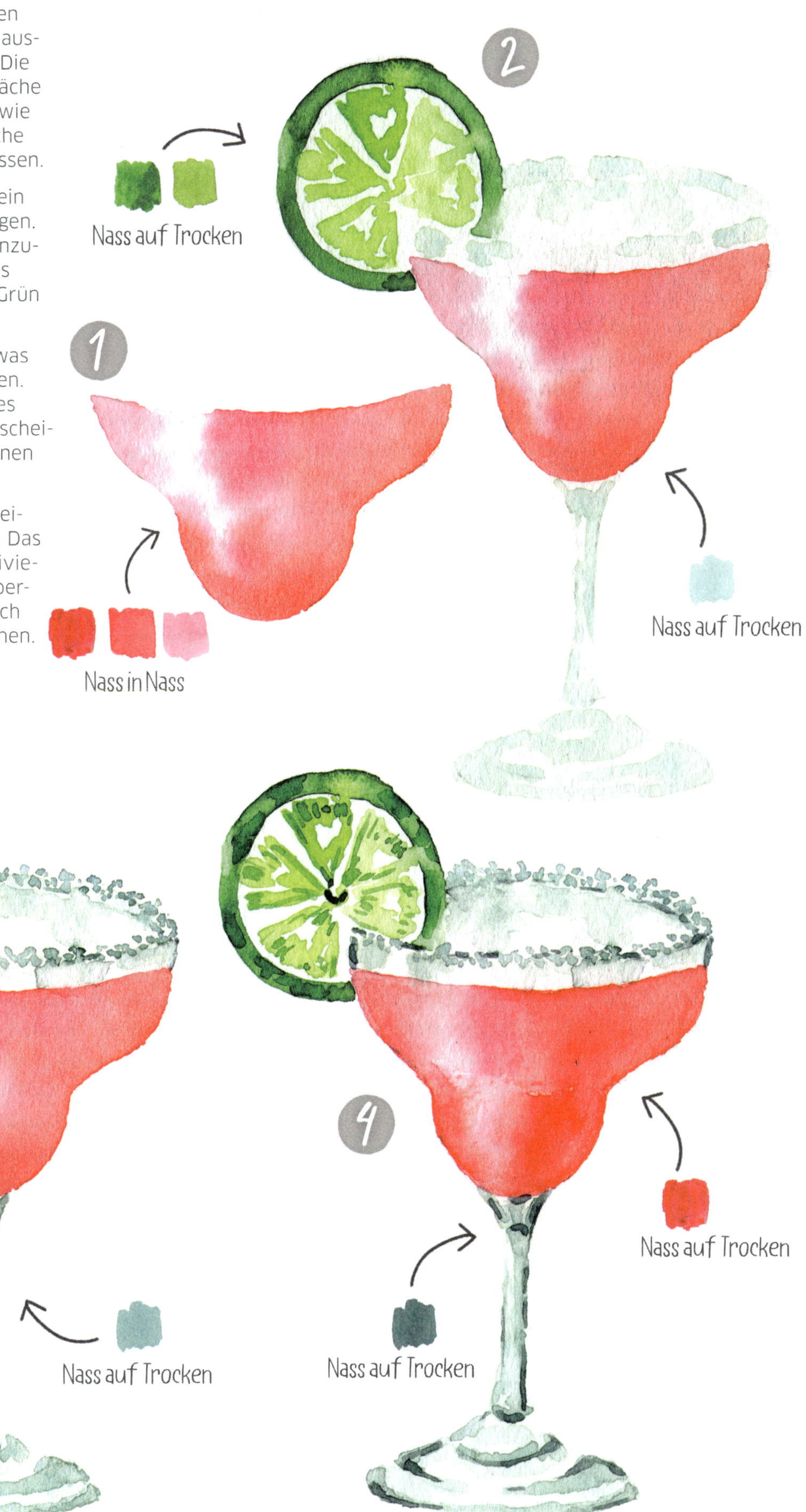

Katze

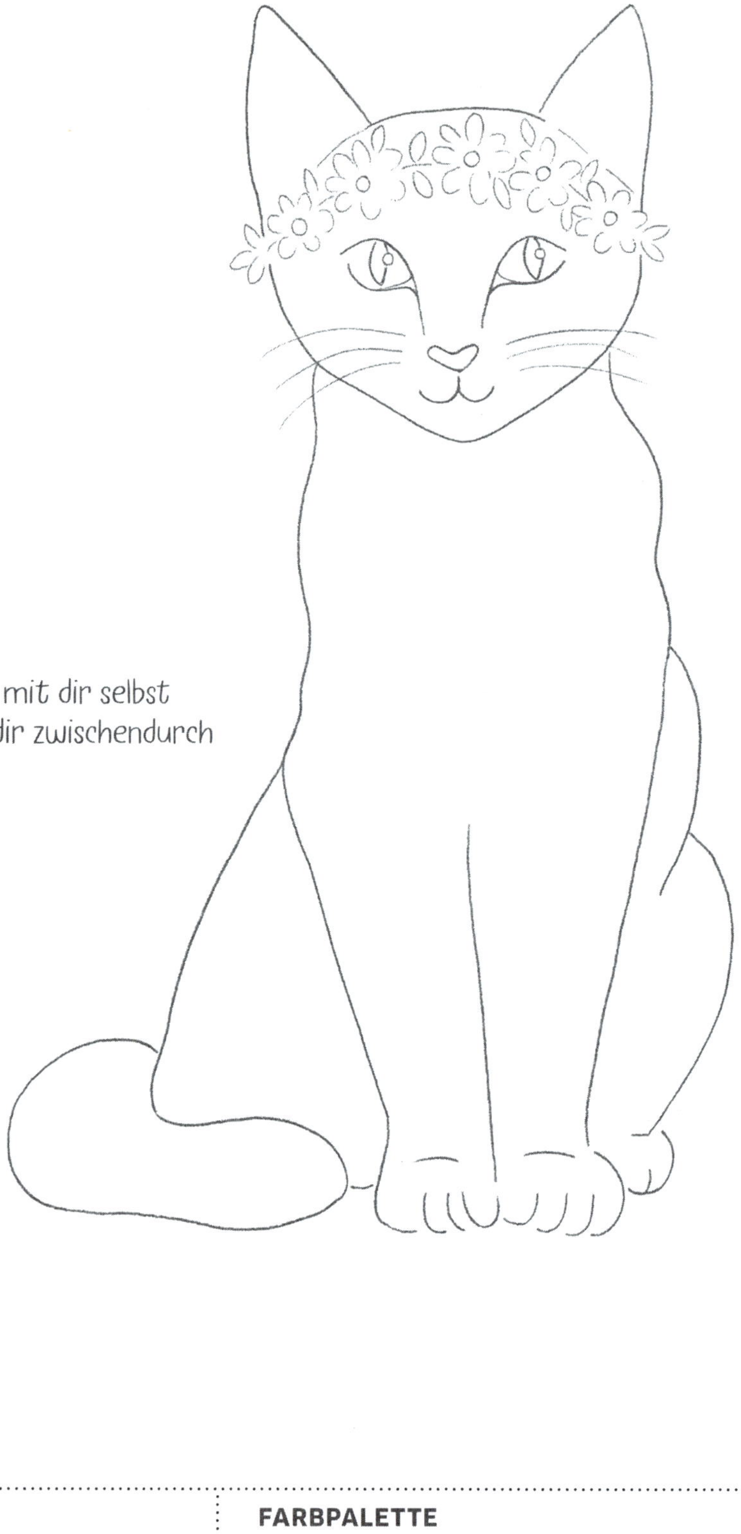

TIPP

Sei geduldig mit dir selbst und gönne dir zwischendurch Pausen.

PINSEL

- mittelgroßer Pinsel für Körper und Fell (Nr. 4, 6)
- kleiner Pinsel für Details im Gesicht und am Blütenkranz (Nr. 2, 3)

FARBPALETTE

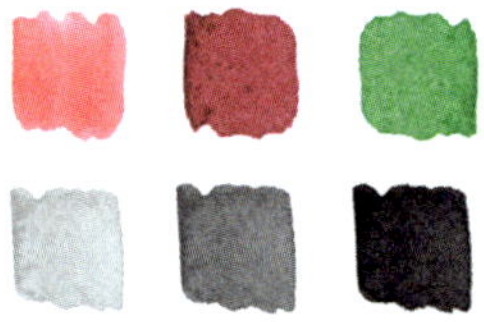

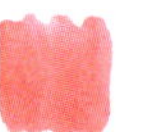 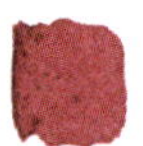 

 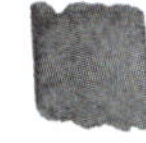 

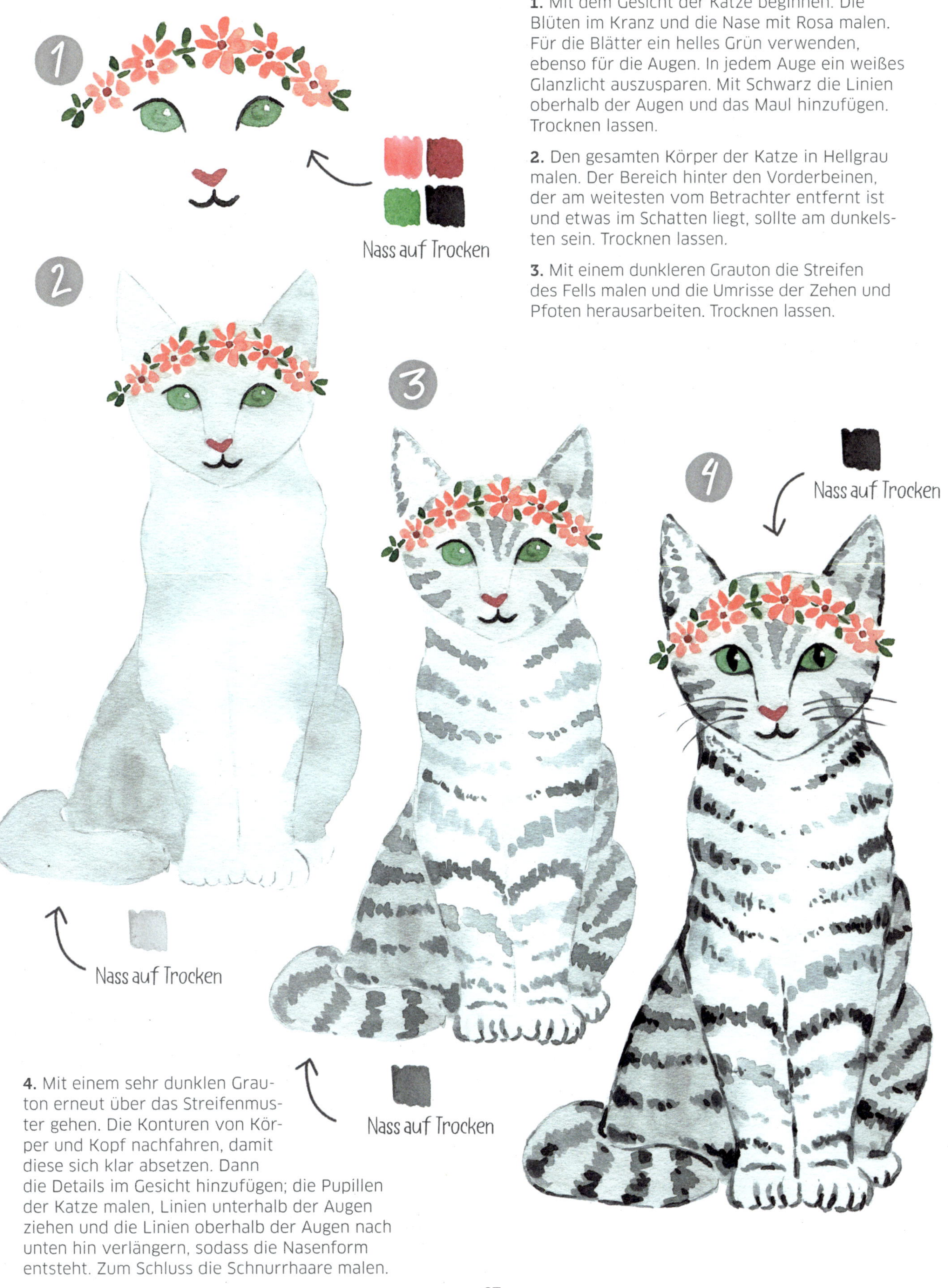

1. Mit dem Gesicht der Katze beginnen. Die Blüten im Kranz und die Nase mit Rosa malen. Für die Blätter ein helles Grün verwenden, ebenso für die Augen. In jedem Auge ein weißes Glanzlicht auszusparen. Mit Schwarz die Linien oberhalb der Augen und das Maul hinzufügen. Trocknen lassen.

2. Den gesamten Körper der Katze in Hellgrau malen. Der Bereich hinter den Vorderbeinen, der am weitesten vom Betrachter entfernt ist und etwas im Schatten liegt, sollte am dunkelsten sein. Trocknen lassen.

3. Mit einem dunkleren Grauton die Streifen des Fells malen und die Umrisse der Zehen und Pfoten herausarbeiten. Trocknen lassen.

4. Mit einem sehr dunklen Grauton erneut über das Streifenmuster gehen. Die Konturen von Körper und Kopf nachfahren, damit diese sich klar absetzen. Dann die Details im Gesicht hinzufügen; die Pupillen der Katze malen, Linien unterhalb der Augen ziehen und die Linien oberhalb der Augen nach unten hin verlängern, sodass die Nasenform entsteht. Zum Schluss die Schnurrhaare malen.

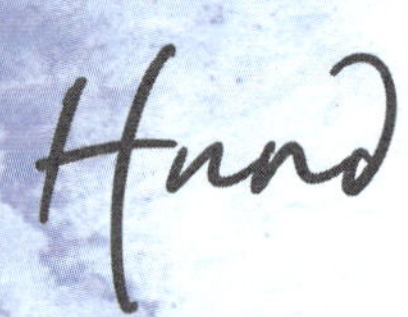

Hund

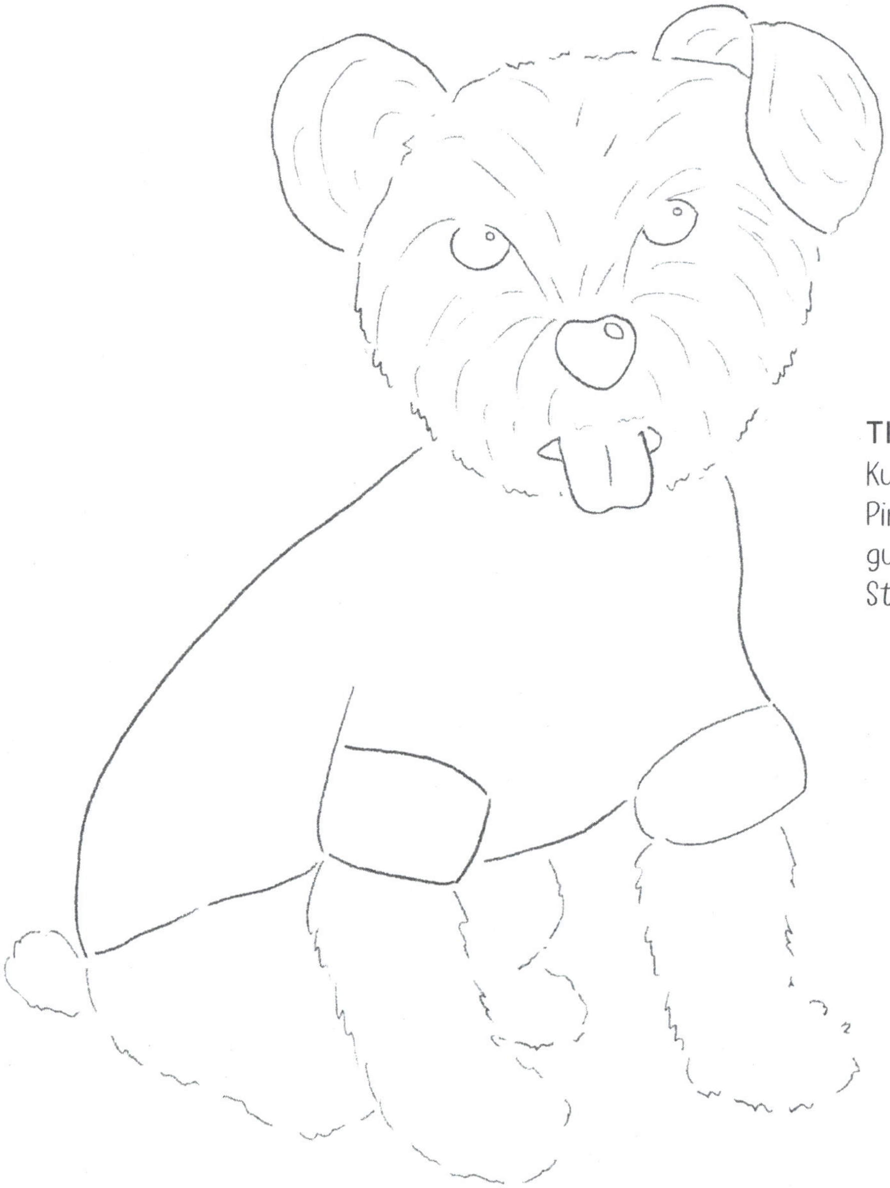

TIPP

Kurze, sich überlappende Pinselstriche eignen sich gut, um einer Fläche Struktur zu verleihen.

PINSEL

- mittelgroßer Pinsel für Fell und Pullover (Nr. 4, 6)
- kleiner Pinsel für Gesicht, Augen und Mund (Nr. 2, 3)

FARBPALETTE

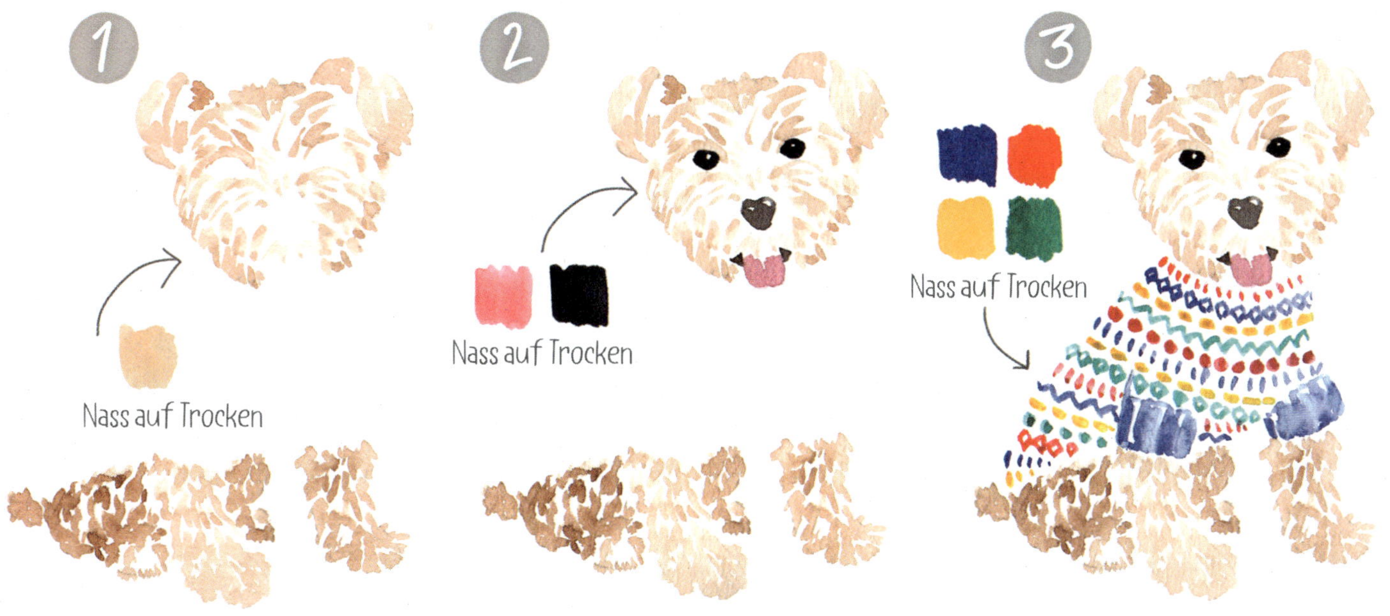

1. Mit einem hellen Braunton und der Pinselspitze kurze Pinselstriche setzen, um die Fellstruktur wiederzugeben. Es ist hilfreich, sich die Wuchsrichtung des Fells vor Augen zu führen und die Pinselstriche daran auszurichten. Trocknen lassen.

2. Augen, Nase, Zunge und Maul malen. Trocknen lassen.

3. Das Muster des Pullovers und die Bündchen an den Ärmeln malen. Hier ist Raum für Improvisation bei der Auswahl der Farben und der Ausgestaltung des Musters! Trocknen lassen.

4. Die letzten Details hinzufügen. Weitere kurze Pinselstriche in einem dunkleren Braunton hinzufügen, um dem Fell mehr Tiefe zu verleihen. An der linken Seite der Nase mit einer zweiten Farbschicht einen dunkleren Akzent setzen. Wenn nötig, die Bündchen an den Ärmeln mit einem dunkleren Blauton noch weiter herausarbeiten.

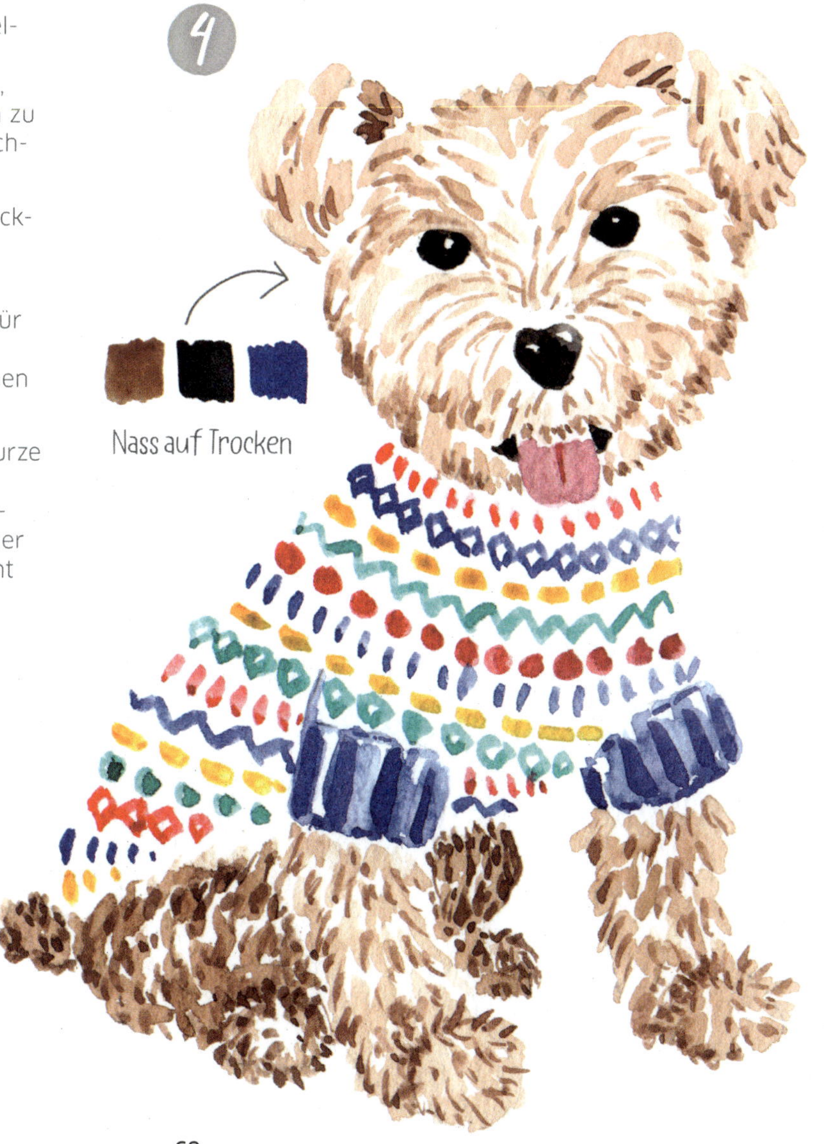

fahrrad

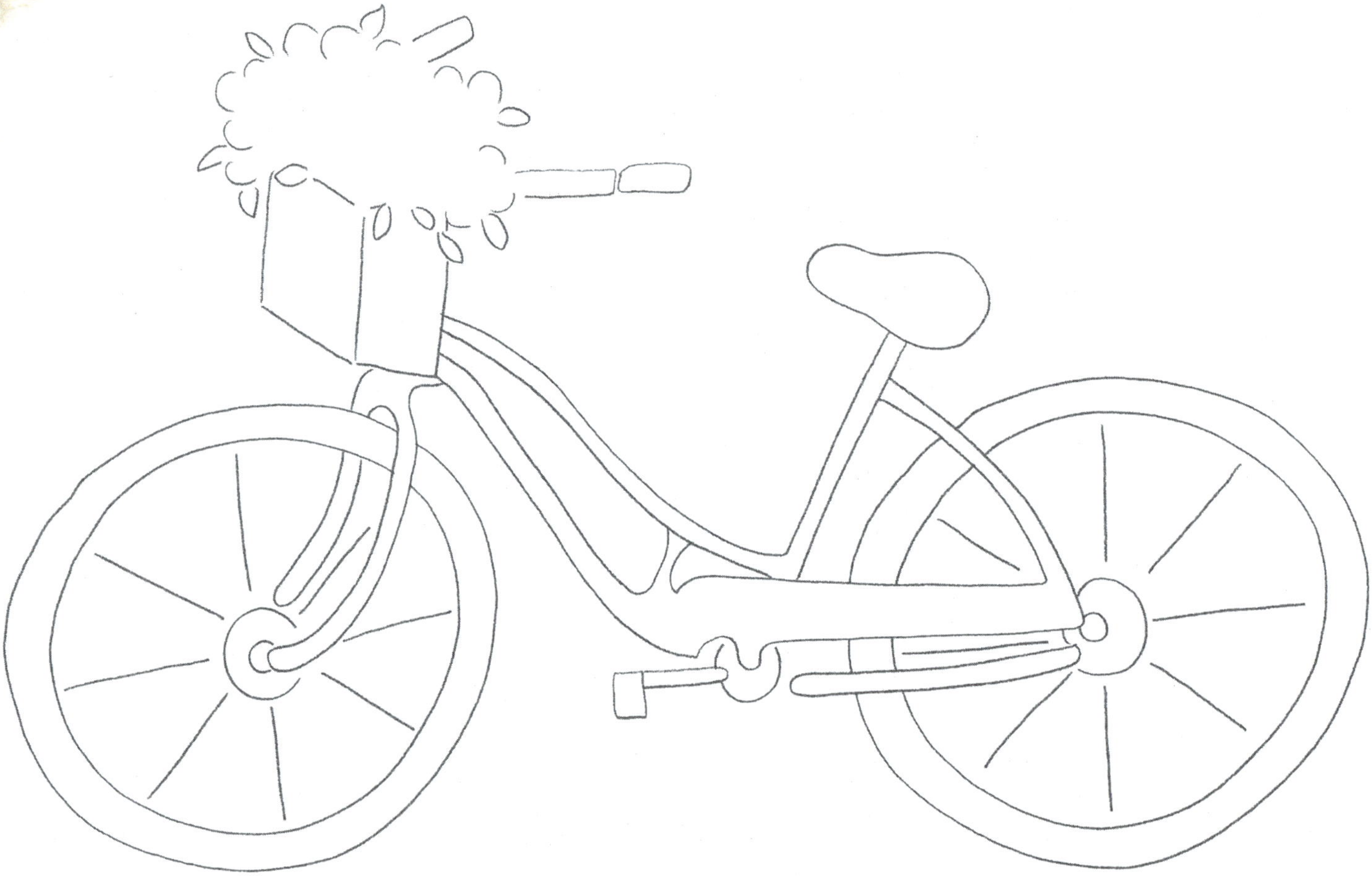

PINSEL

- mittelgroßer Pinsel für die Flächen (Nr. 4, 6)
- kleiner Pinsel für die Details (Nr. 2, 3)

FARBPALETTE

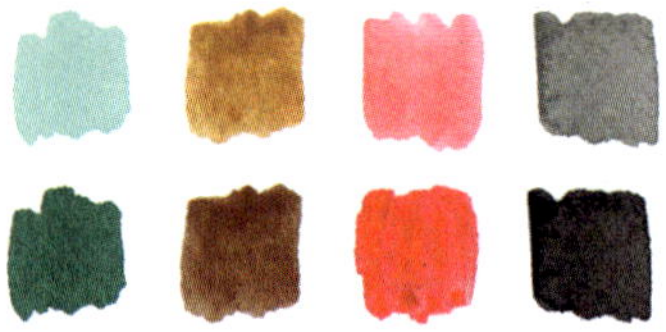

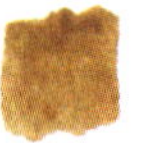
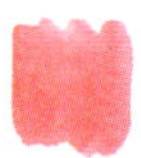
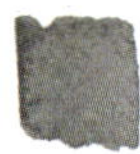
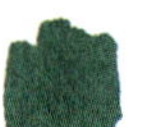
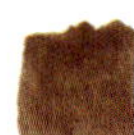
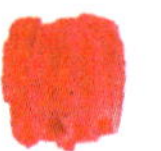

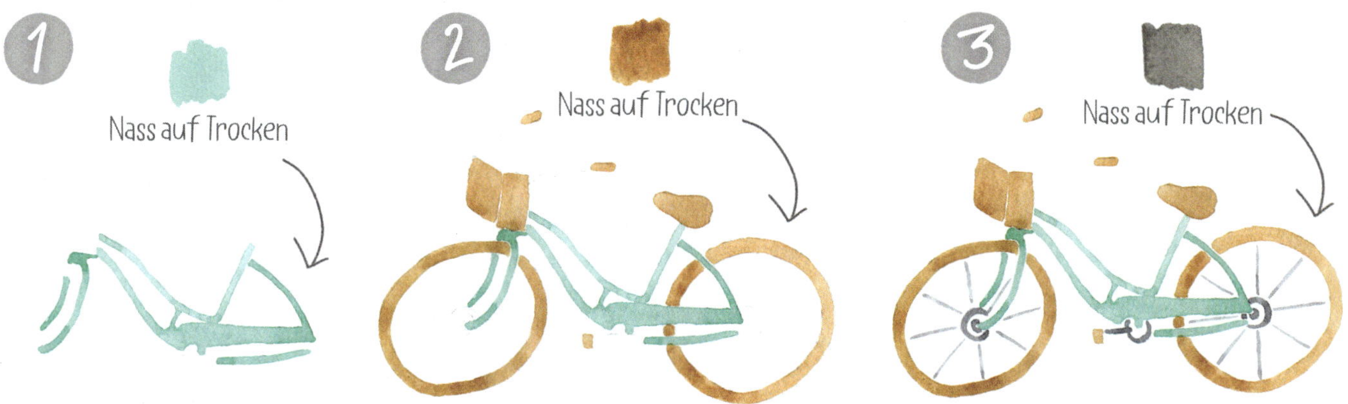

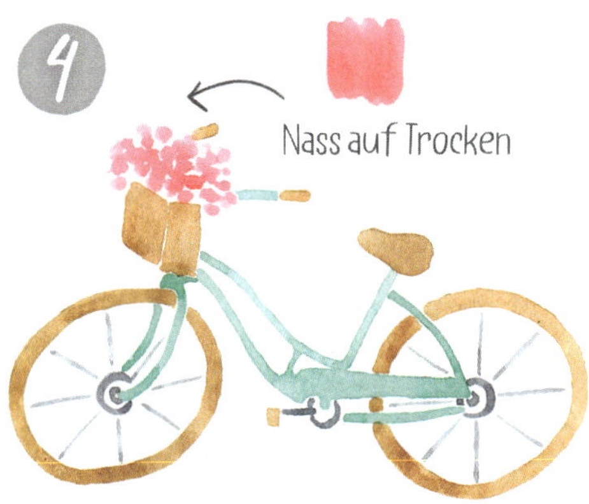

1. Den Fahrradrahmen in Mintgrün malen. Trocknen lassen.

2. Die braunen Elemente hinzufügen. Trocknen lassen.

3. Die Speichen der Räder, das Kettenblatt und die Tretkurbel in Grau ergänzen. Trocknen lassen.

4. Die erste Schicht für die Rosen in einem hellen Rosa auftragen.

5. Die letzten Details hinzufügen. Die Form der einzelnen Rosenblüten mit einem dunkleren Rosaton deutlicher herausarbeiten und grüne Blätter hinzufügen. Den Fahrradkorb mit einem Karomuster und die Reifen mit einem X-Muster in einem dunkleren Braunton versehen. Mit der gleichen Farbe Schatten an den Handgriffen, am Sattel und am Pedal ergänzen. Auch am Fahrradrahmen Schatten in einem dunkleren Mintgrün hinzufügen. Zum Schluss die Konturen der Speichen, des Kettenblatts und der Tretkurbel mit Dunkelgrau nachfahren.

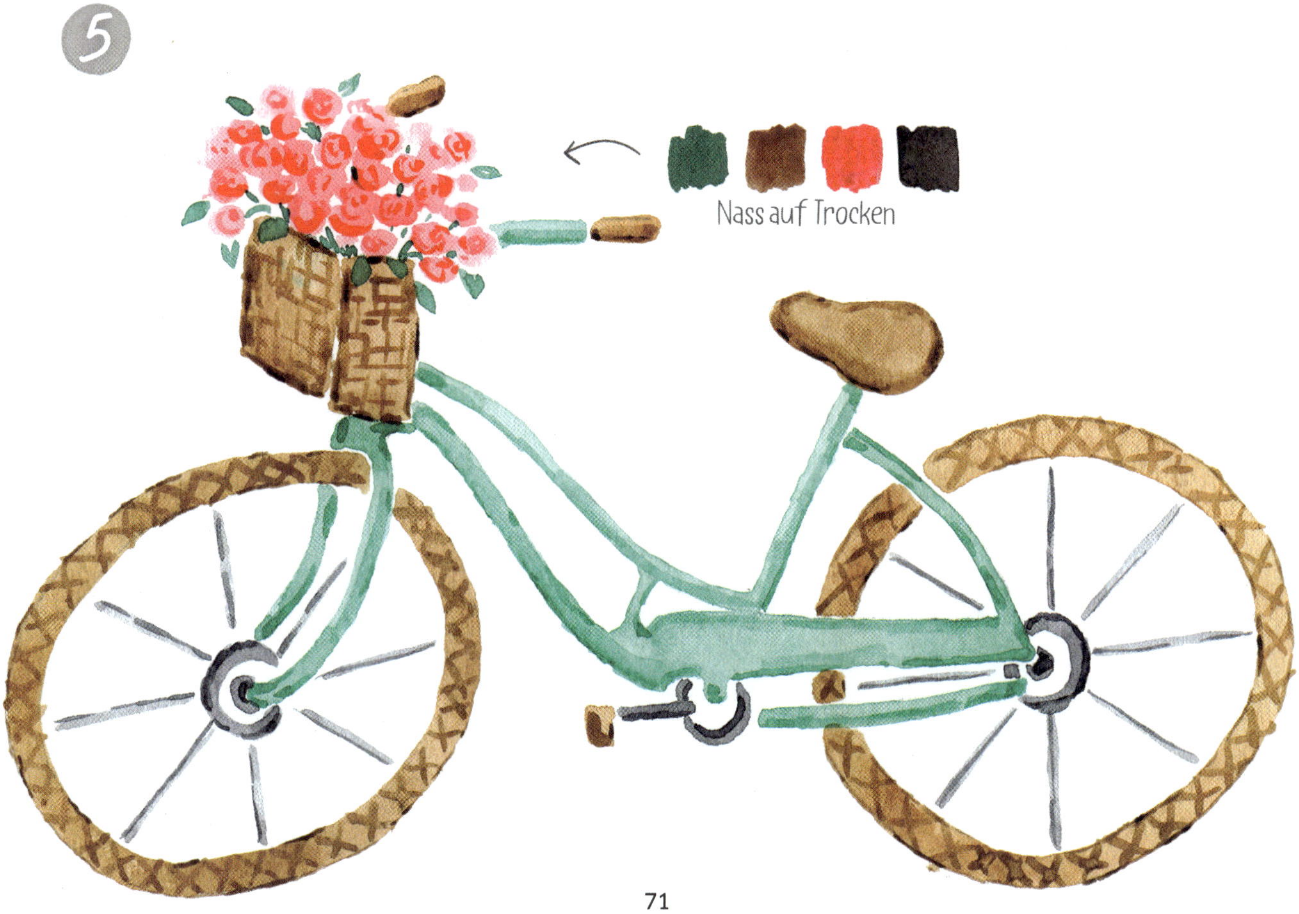

5

Nass auf Trocken

Fliegenpilze

TIPP

Hab keine Angst davor, Fehler zu machen. Vieles, was mir als missraten vorgekommen ist, hat sich später als künstlerischer Glücksgriff erwiesen.

PINSEL

- mittelgroßer Pinsel für die Pilze (Nr. 4, 6)
- kleiner Pinsel für die Details und Zweige (Nr. 2, 3)

FARBPALETTE

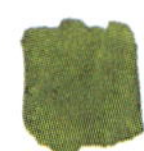
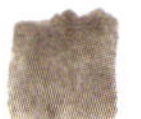

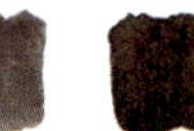

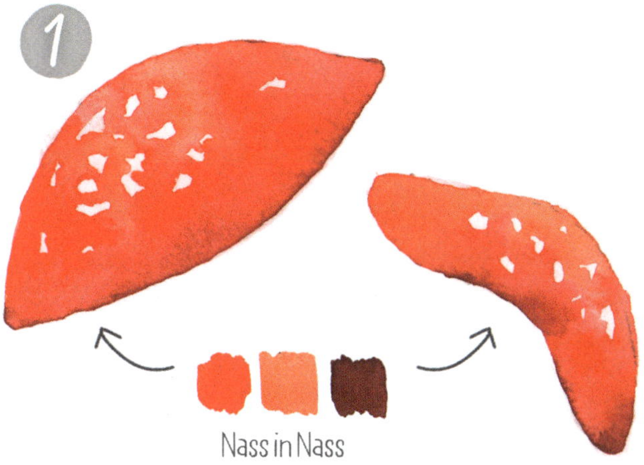

1

Nass in Nass

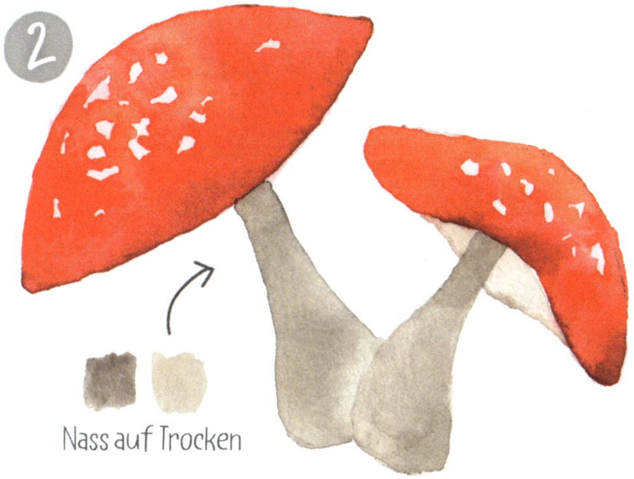

2

Nass auf Trocken

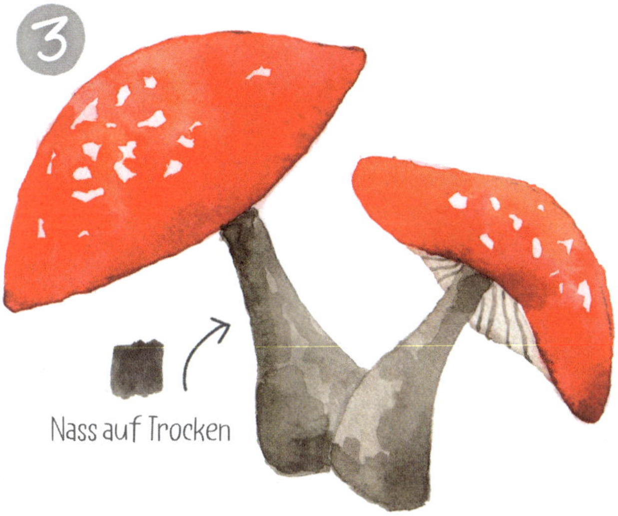

3

Nass auf Trocken

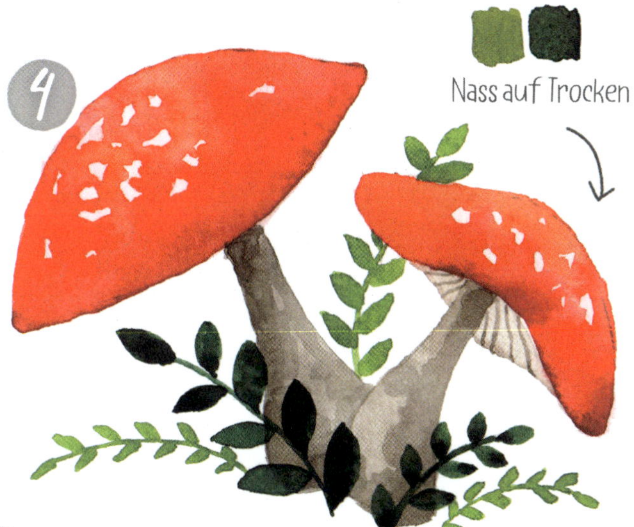

4

Nass auf Trocken

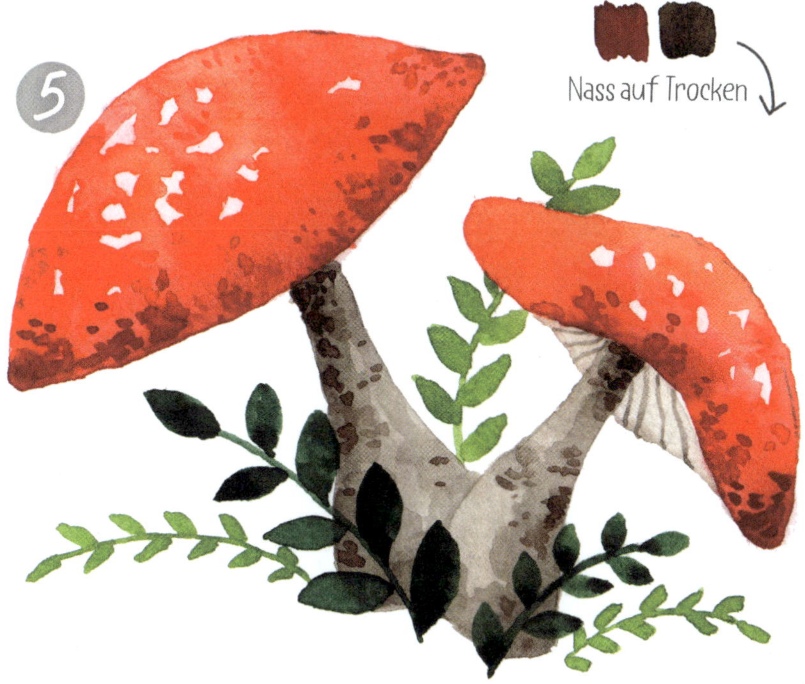

1. Einen Pilz nach dem anderen malen. Die Fläche der Pilzhüte mit Wasser anfeuchten, dabei die weißen Punkte aussparen, denn dort soll das Papier trocken bleiben. Verschiedene Rottöne auf die feuchte Fläche geben und die Farbe mit dem Pinsel wie gewünscht verteilen. Dabei die dunkleren Töne am unteren Rand des Huts und die helleren Töne am oberen Rand konzentrieren. Den gleichen Prozess für den rechten Pilz wiederholen. Trocknen lassen.

2. Die Stiele in einem hellen Braungrau malen. Eine cremefarbene Fläche für die Hutunterseite des rechten Pilzes hinzufügen. Trocknen lassen.

3. Den Stielen mit einem dunkleren Farbton etwas mehr Struktur und Tiefe verleihen. Feine Linien an der Unterseite des rechten Pilzhutes ergänzen. Trocknen lassen.

4. Die hell- und dunkelgrünen Blätter im Vorder- und im Hintergrund der Pilze malen. Trocknen lassen.

5. Die Pilzhüte mit dunkelroten und die Stiele mit braunen Punkten versehen, um ihnen noch mehr Struktur zu verleihen.

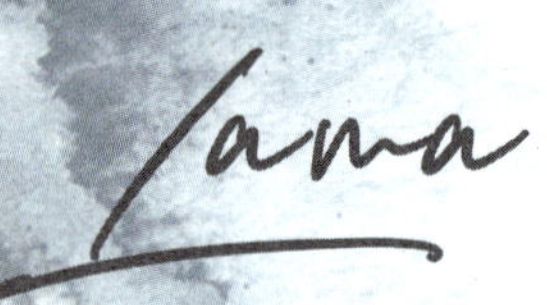

DIESE TECHNIK MACHT SPASS!
Mit Naturschwämmen lassen sich tolle Strukturen erzeugen. Tupfe damit einfach auf dein noch feuchtes Aquarell und lass dich überraschen, welche Effekte entstehen.

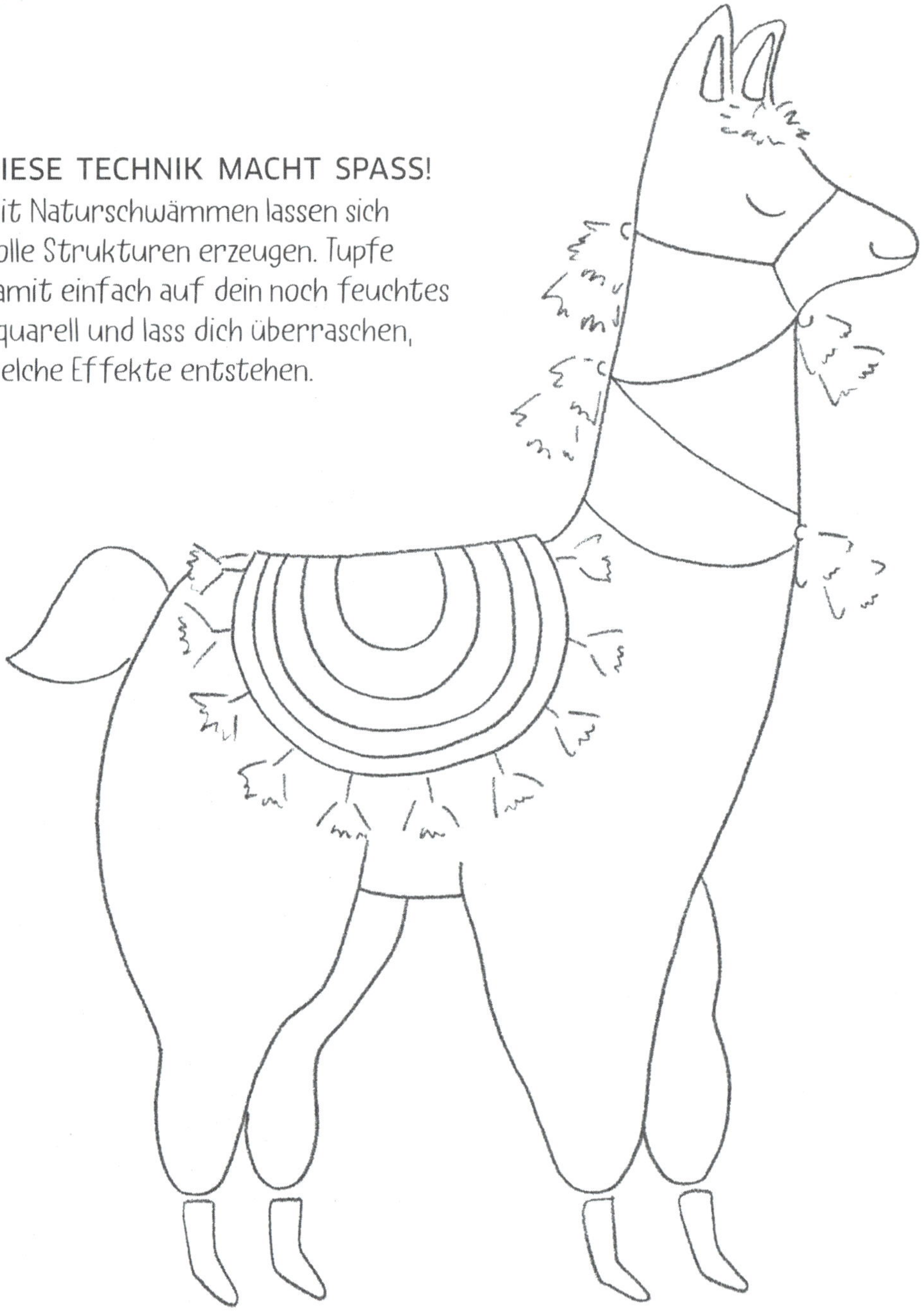

PINSEL

- mittelgroßer Pinsel (Nr. 4, 6)
- kleiner Pinsel für die Details (Nr. 2, 3)

FARBPALETTE

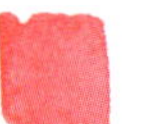  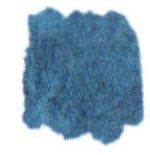 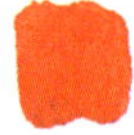

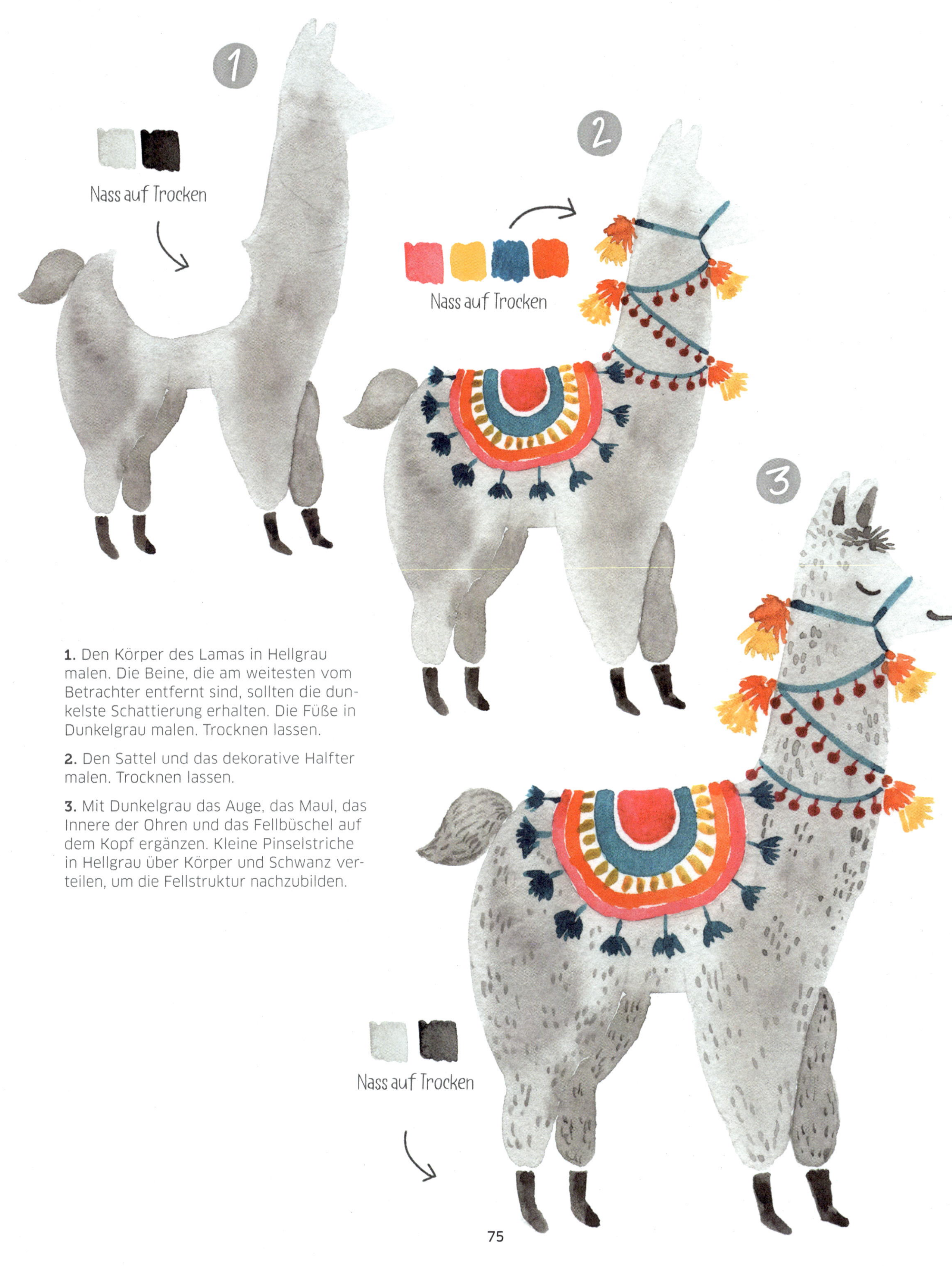

1. Den Körper des Lamas in Hellgrau malen. Die Beine, die am weitesten vom Betrachter entfernt sind, sollten die dunkelste Schattierung erhalten. Die Füße in Dunkelgrau malen. Trocknen lassen.

2. Den Sattel und das dekorative Halfter malen. Trocknen lassen.

3. Mit Dunkelgrau das Auge, das Maul, das Innere der Ohren und das Fellbüschel auf dem Kopf ergänzen. Kleine Pinselstriche in Hellgrau über Körper und Schwanz verteilen, um die Fellstruktur nachzubilden.

Kaugummiautomat

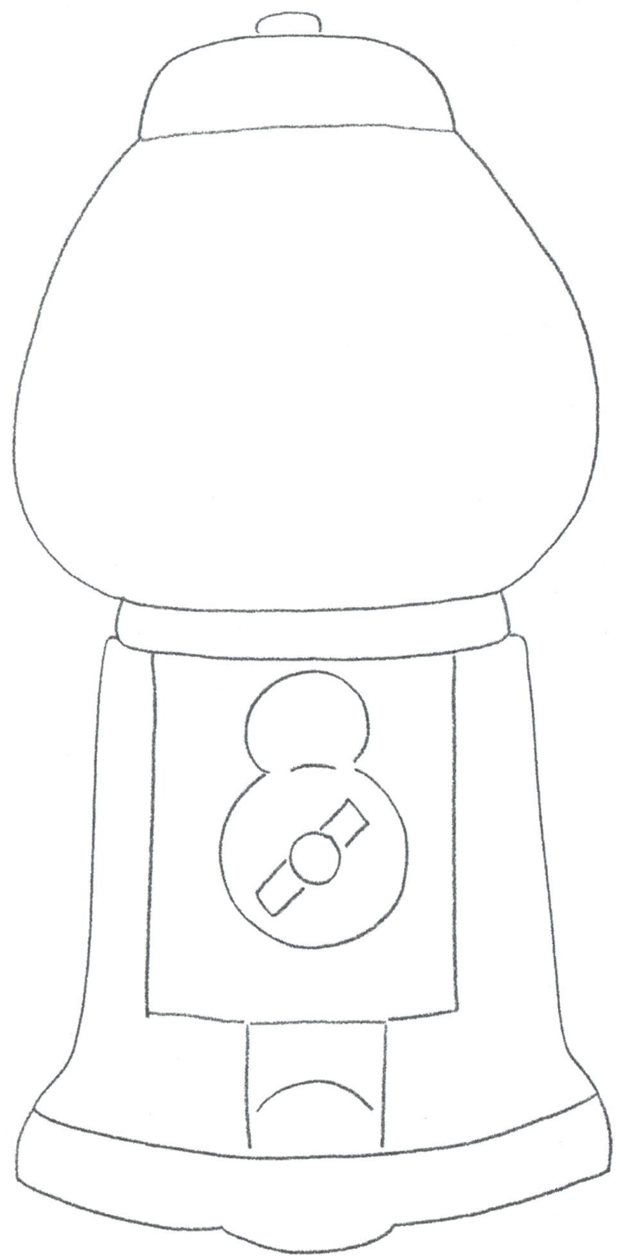

PINSEL

- mittelgroßer Pinsel (Nr. 4, 6)
- kleiner Pinsel für die Details (Nr. 2, 3)

FARBPALETTE

 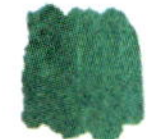  

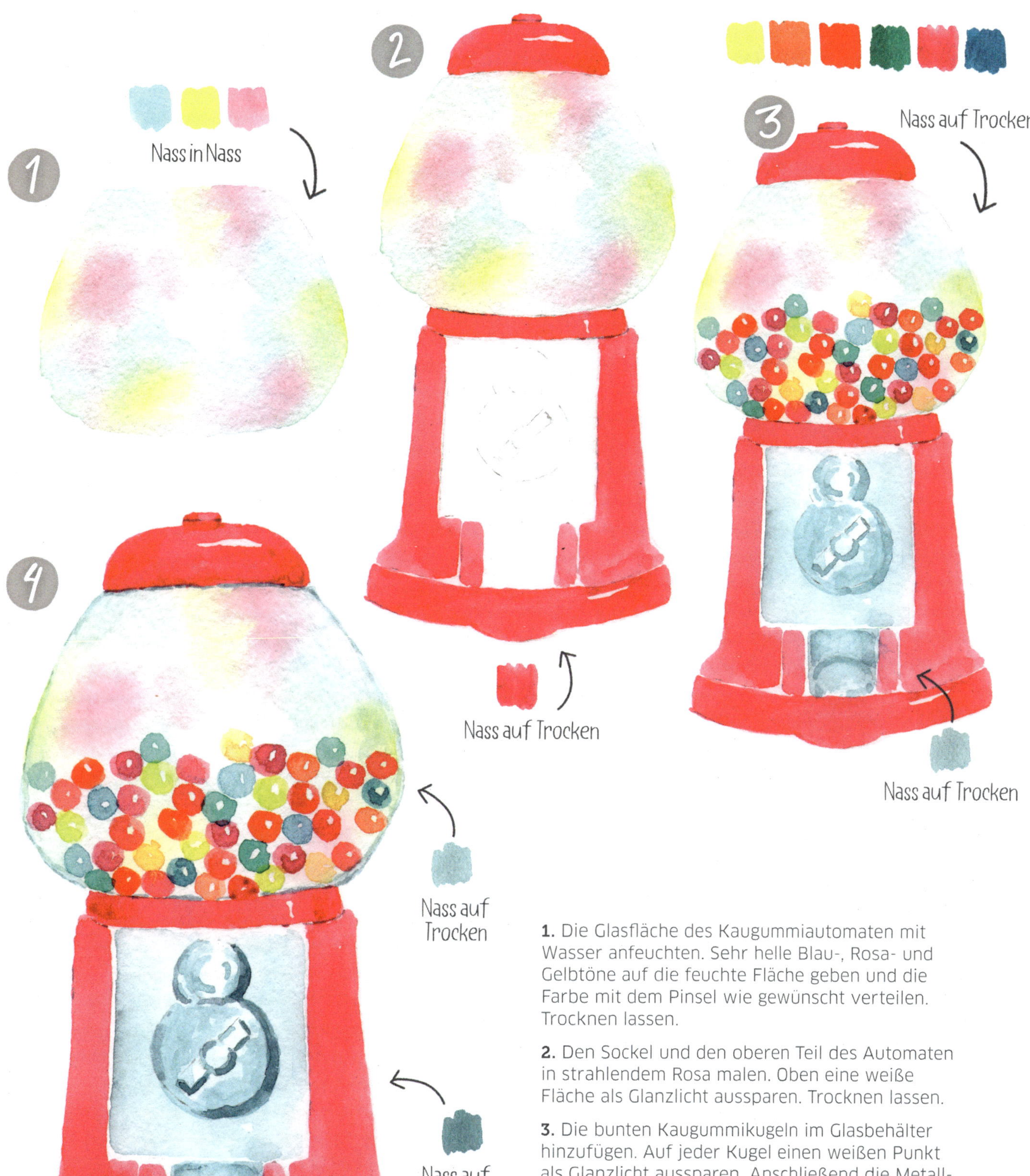

1. Die Glasfläche des Kaugummiautomaten mit Wasser anfeuchten. Sehr helle Blau-, Rosa- und Gelbtöne auf die feuchte Fläche geben und die Farbe mit dem Pinsel wie gewünscht verteilen. Trocknen lassen.

2. Den Sockel und den oberen Teil des Automaten in strahlendem Rosa malen. Oben eine weiße Fläche als Glanzlicht aussparen. Trocknen lassen.

3. Die bunten Kaugummikugeln im Glasbehälter hinzufügen. Auf jeder Kugel einen weißen Punkt als Glanzlicht aussparen. Anschließend die Metallteile in einem hellen Blaugrau malen. Den dunkelsten Farbauftrag dabei auf die im Schatten liegenden Bereiche konzentrieren. Trocknen lassen.

4. Die Schatten an den Metallteilen mit einem dunkleren Blaugrau noch weiter herausarbeiten. Die Konturen des Glasbehälters mit einem feinen Pinsel und einem hellen Blaugrau nachziehen.

Mexikanische Calavera

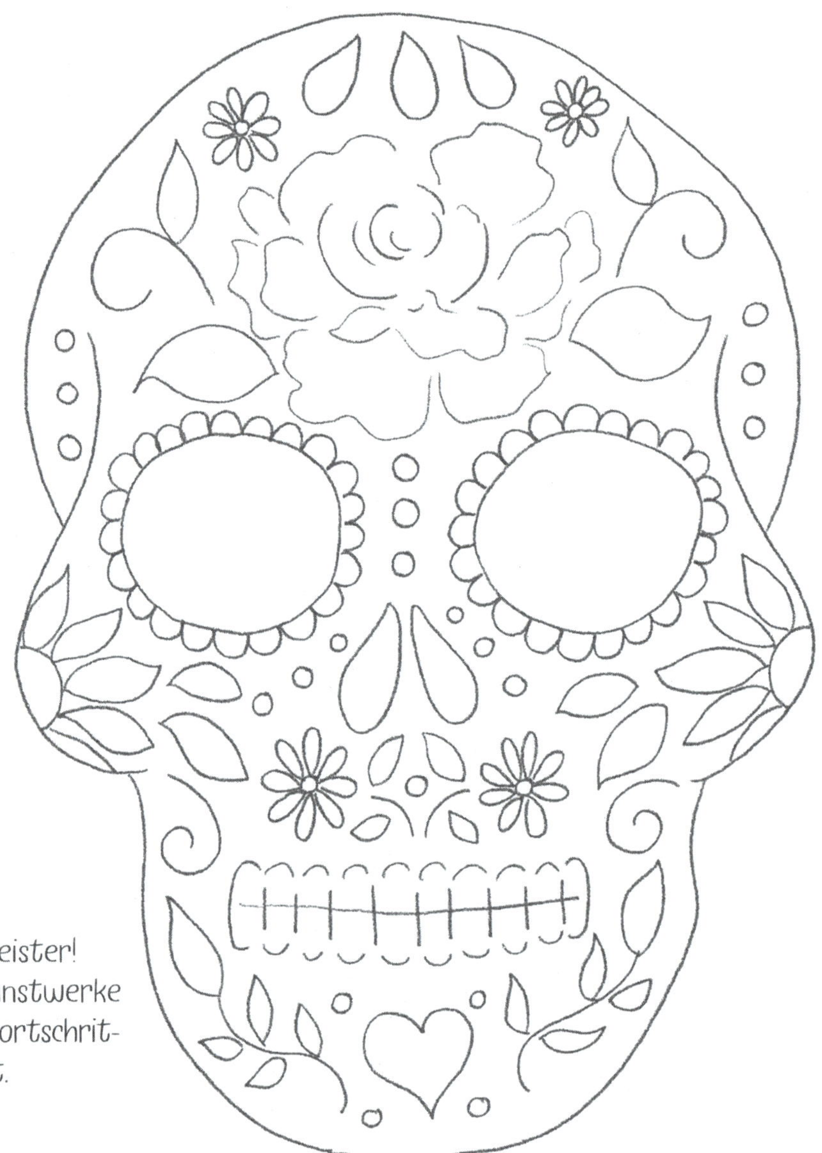

TIPP

Übung macht den Meister! Bewahre all deine Kunstwerke auf, damit du deine Fortschritte verfolgen kannst.

PINSEL

- großer Pinsel für den Schädel (Nr. 8, 10)
- mittelgroßer Pinsel für das Blumenmuster (Nr. 4, 6)
- kleiner Pinsel für Details (Nr. 3)

FARBPALETTE

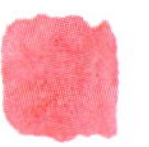
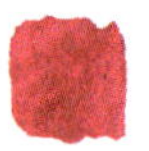
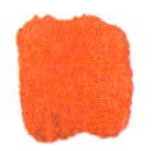
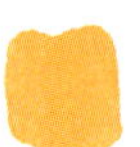
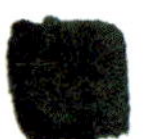
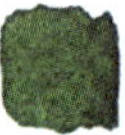

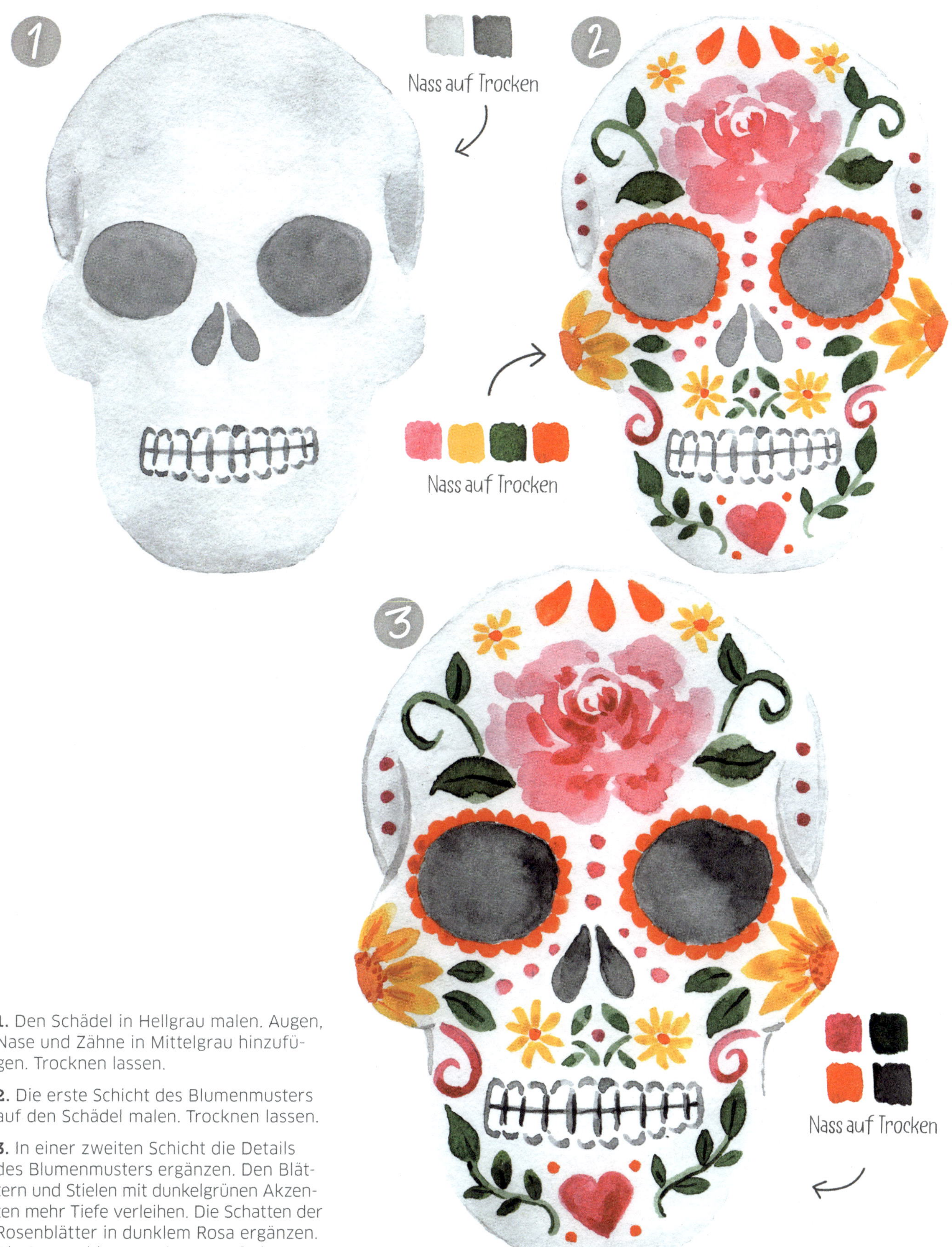

1. Den Schädel in Hellgrau malen. Augen, Nase und Zähne in Mittelgrau hinzufügen. Trocknen lassen.

2. Die erste Schicht des Blumenmusters auf den Schädel malen. Trocknen lassen.

3. In einer zweiten Schicht die Details des Blumenmusters ergänzen. Den Blättern und Stielen mit dunkelgrünen Akzenten mehr Tiefe verleihen. Die Schatten der Rosenblätter in dunklem Rosa ergänzen. Die Sonnenblumen mit orangefarbenen Details versehen. Zum Schluss mit Dunkelgrau an den Zähnen, den Augen und der Nase dunklere Flächen ergänzen.

Merry Christmas

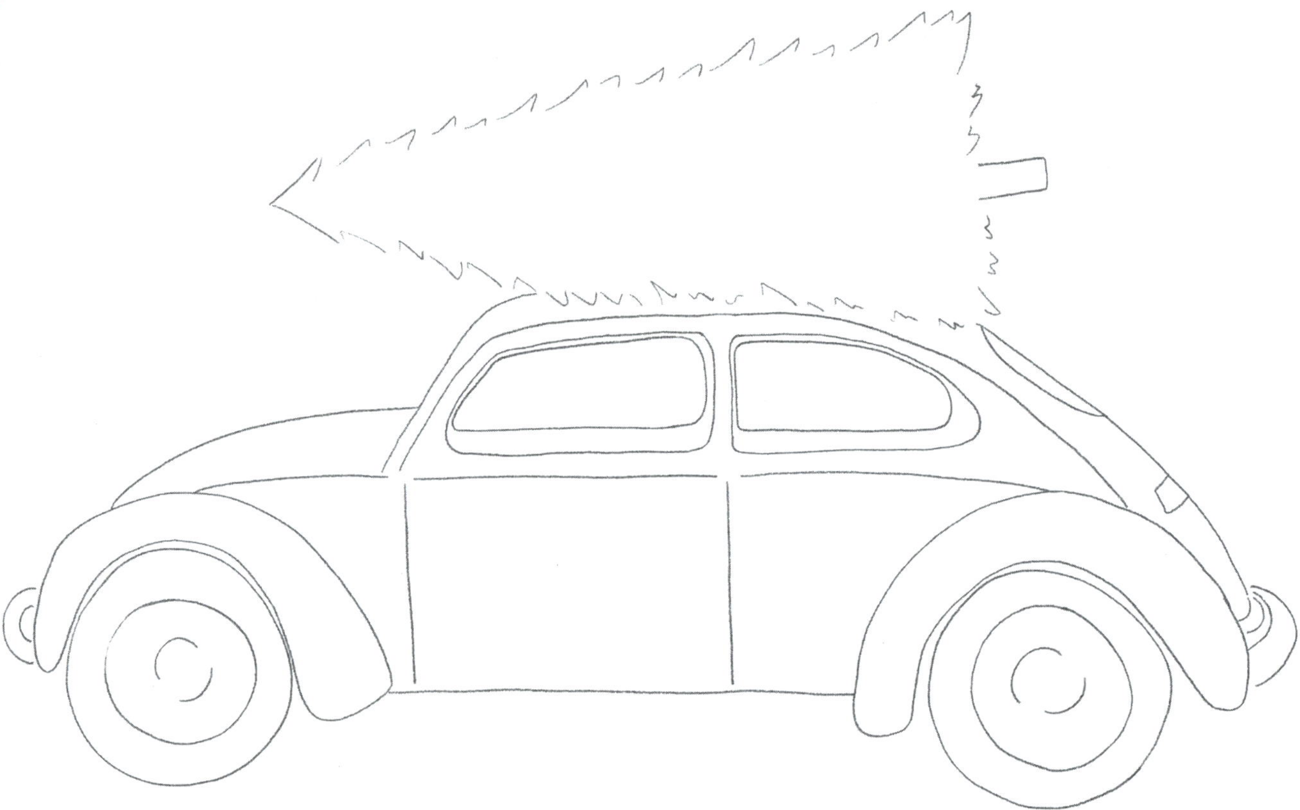

TIPP

Braucht die Farbe zu lange zum Trocknen, halte einen Föhn auf niedrigster Stufe direkt über deine Arbeit. Auf keinen Fall in einem Winkel föhnen, sonst läufst du Gefahr, dass die Farbe in ungewollte Richtungen verläuft.

PINSEL

- großer/mittelgroßer Pinsel für die Karosserie des Autos (Nr. 6, 8)
- kleiner Pinsel für die Details (Nr. 2, 3)
- großer/mittelgroßer Pinsel für den Baum (Nr. 6, 8)

FARBPALETTE

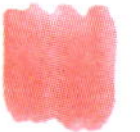 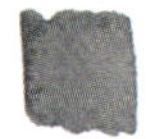  

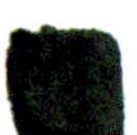  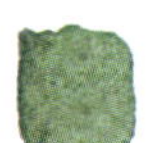 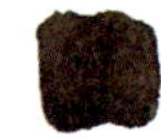

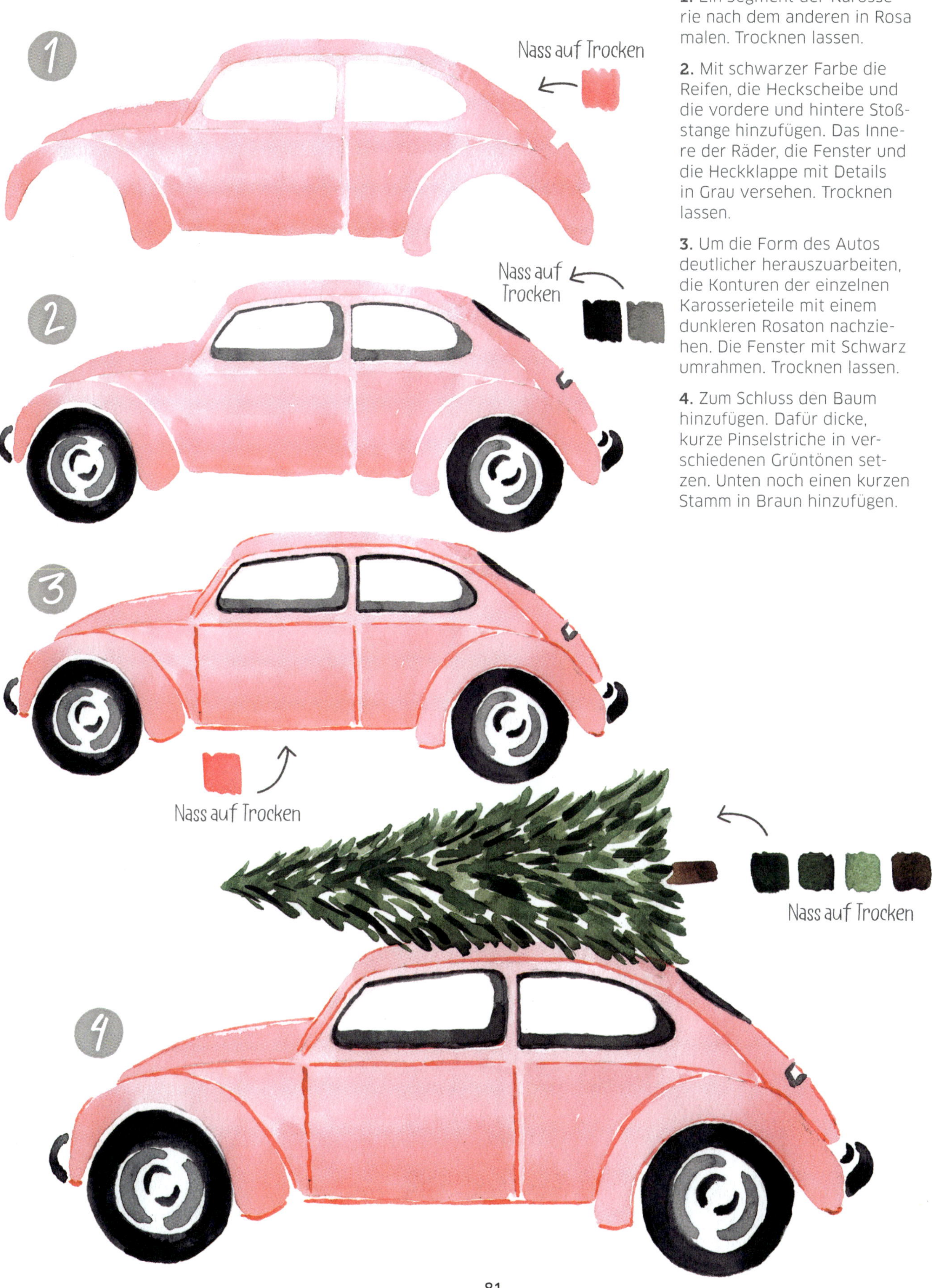

1. Ein Segment der Karosserie nach dem anderen in Rosa malen. Trocknen lassen.

2. Mit schwarzer Farbe die Reifen, die Heckscheibe und die vordere und hintere Stoßstange hinzufügen. Das Innere der Räder, die Fenster und die Heckklappe mit Details in Grau versehen. Trocknen lassen.

3. Um die Form des Autos deutlicher herauszuarbeiten, die Konturen der einzelnen Karosserieteile mit einem dunkleren Rosaton nachziehen. Die Fenster mit Schwarz umrahmen. Trocknen lassen.

4. Zum Schluss den Baum hinzufügen. Dafür dicke, kurze Pinselstriche in verschiedenen Grüntönen setzen. Unten noch einen kurzen Stamm in Braun hinzufügen.

Monstera

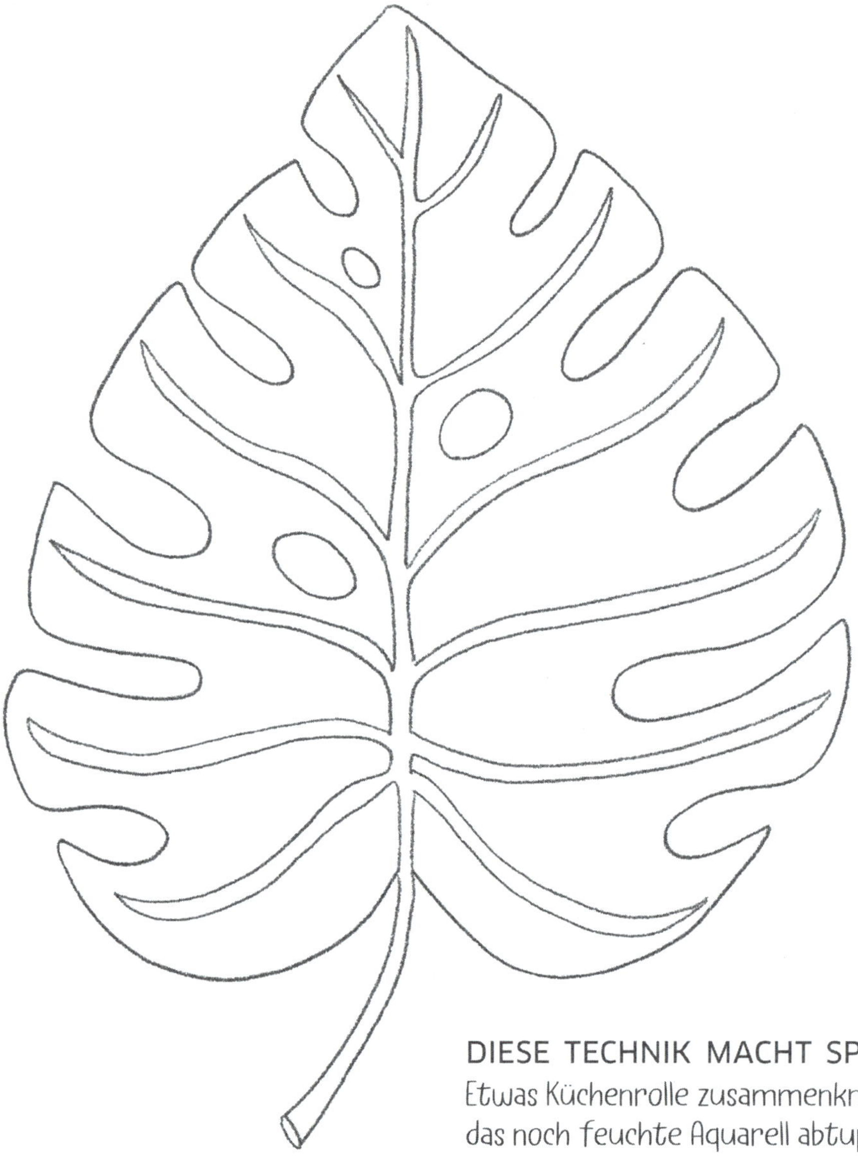

DIESE TECHNIK MACHT SPASS!

Etwas Küchenrolle zusammenknüllen und damit das noch feuchte Aquarell abtupfen. Die Küchenrolle nimmt einen Teil der Farbe auf und hinterlässt eine dezente Struktur, die variiert, je nachdem, wie stark sie zusammengeknüllt ist.

PINSEL

- großer Pinsel für das Blatt (Nr. 8, 10)
- mittelgroßer Pinsel für die Details (Nr. 4, 6)

FARBPALETTE

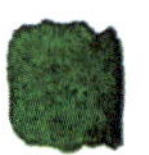

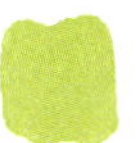
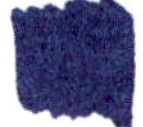

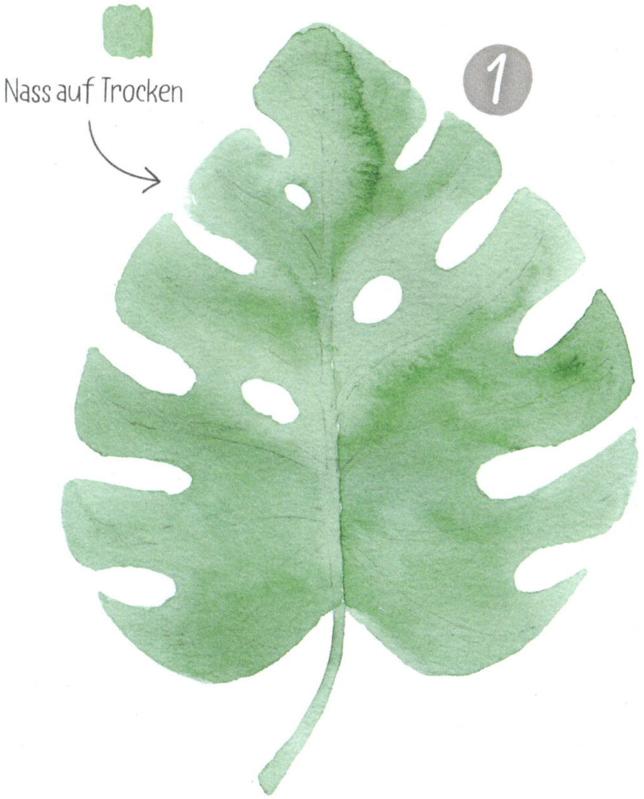

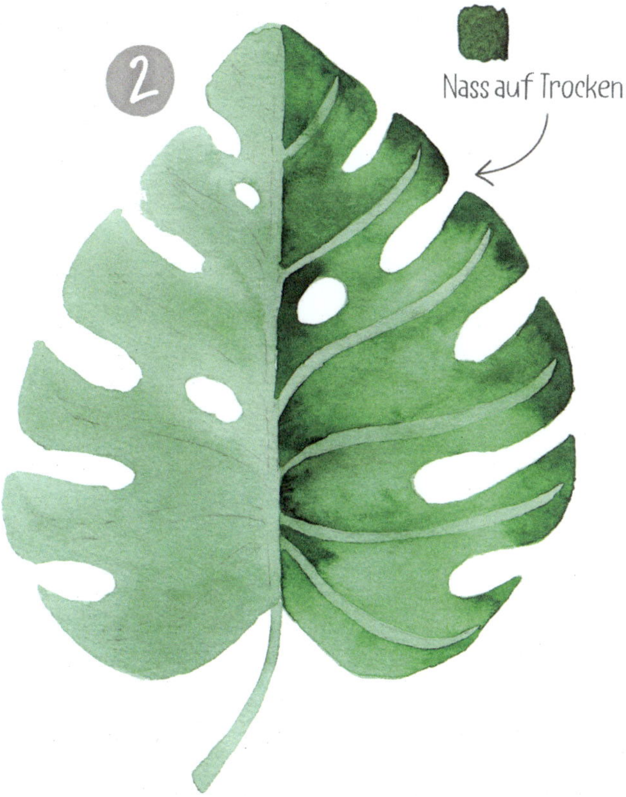

Nass auf Trocken

1

2

Nass auf Trocken

1. Das Blatt in Hellgrün malen.

2. Auf der rechten Blatthälfte eine zweite Schicht in dunklerem Grün auftragen, dabei die Blattadern aussparen. Die dunkelsten Flächen sollten sich auf die Blattspitzen und die Blattmitte konzentrieren. Trocknen lassen.

3. Den Vorgang mit der linken Blatthälfte wiederholen. Trocknen lassen.

4. Dem Blatt durch dunkelblaue und dunkelgrüne Akzente in der Blattmitte Tiefe und ein plastisches Aussehen verleihen. Dabei auf fließende Übergänge zum Rest des Blattes achten – es sollten keine harten Kanten entstehen. Nach dem Trocknen einen helle Schicht Gelb auf die Blattadern legen, um sie hervorzuheben.

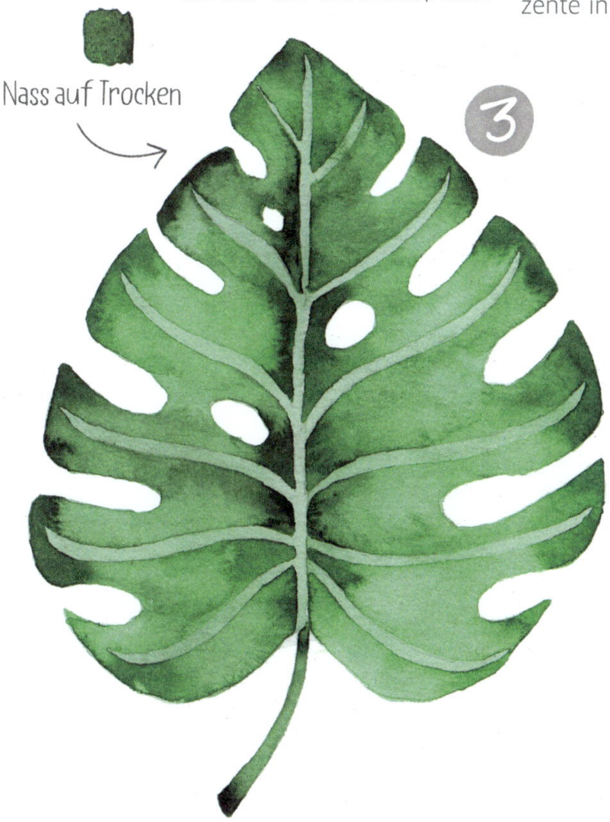

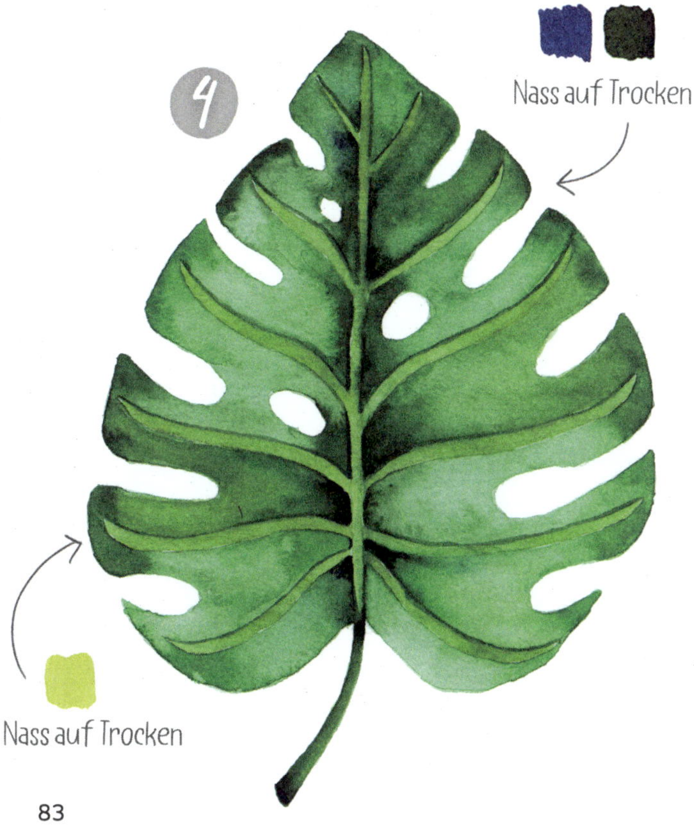

Nass auf Trocken

3

4

Nass auf Trocken

Nass auf Trocken

Flamingo

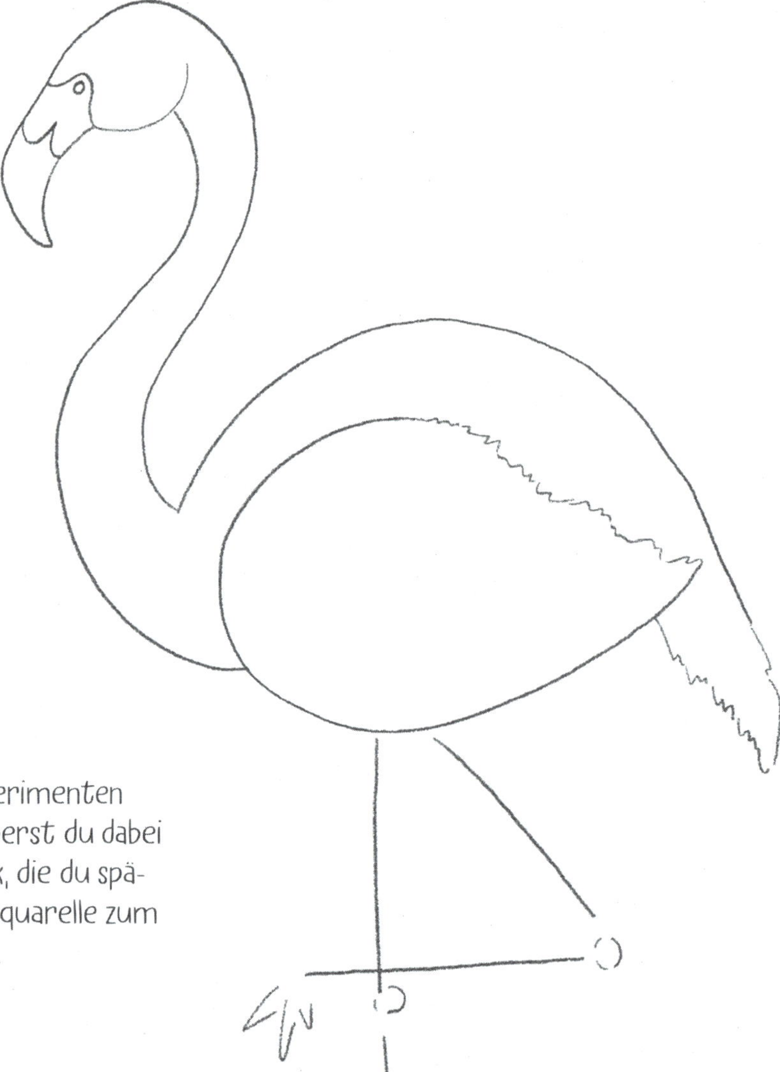

TIPP

Schreck nicht vor Experimenten zurück! Vielleicht stolperst du dabei über eine neue Technik, die du später bei einem deiner Aquarelle zum Einsatz bringen kannst.

PINSEL

- mittelgroßer Pinsel für Körper, Federn und Beine (Nr. 6)
- kleiner Pinsel für Schnabel und Auge (Nr. 2, 3)

FARBPALETTE

 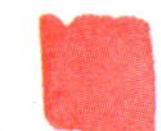 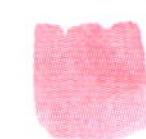 

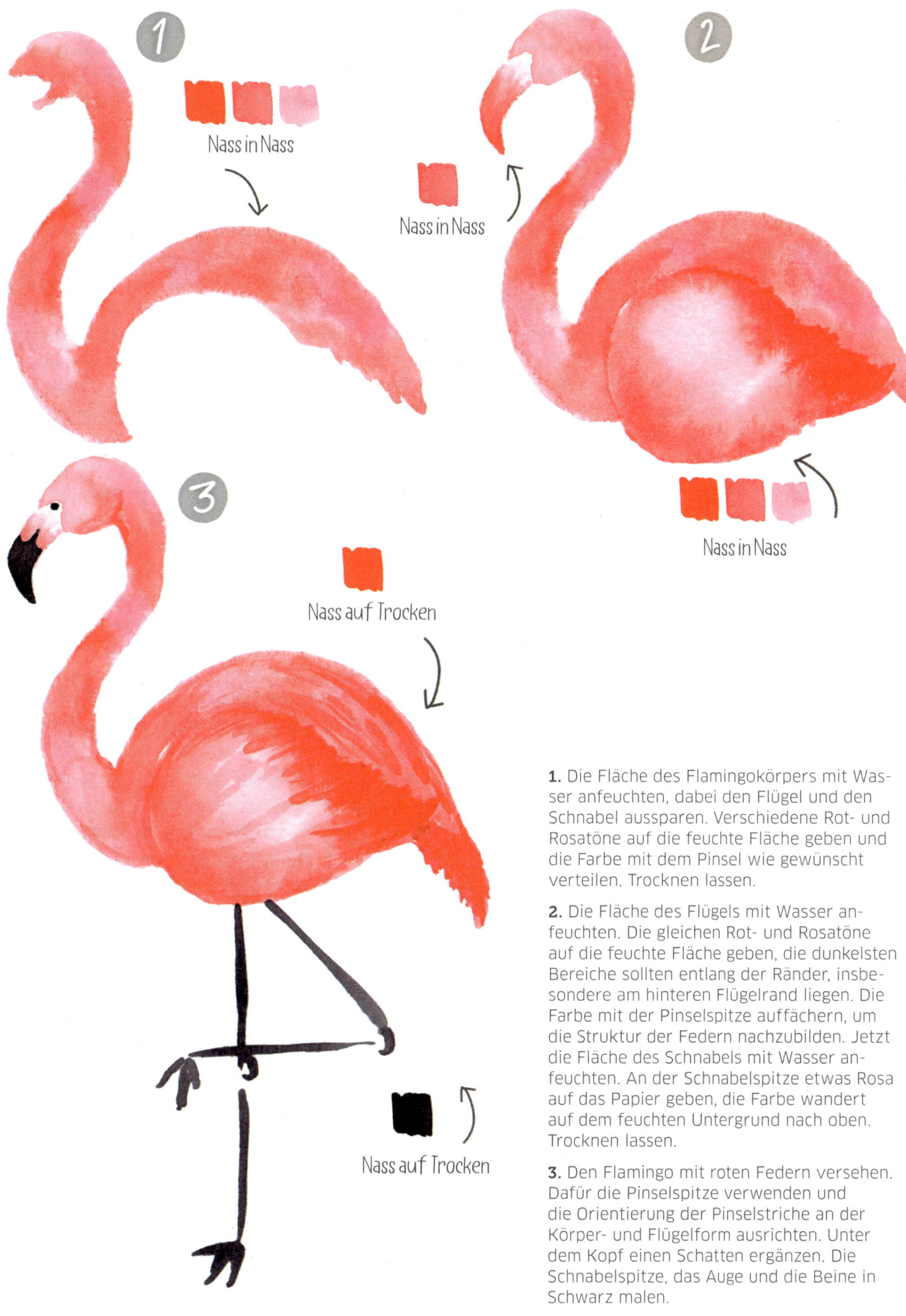

1. Die Fläche des Flamingokörpers mit Wasser anfeuchten, dabei den Flügel und den Schnabel aussparen. Verschiedene Rot- und Rosatöne auf die feuchte Fläche geben und die Farbe mit dem Pinsel wie gewünscht verteilen. Trocknen lassen.

2. Die Fläche des Flügels mit Wasser anfeuchten. Die gleichen Rot- und Rosatöne auf die feuchte Fläche geben, die dunkelsten Bereiche sollten entlang der Ränder, insbesondere am hinteren Flügelrand liegen. Die Farbe mit der Pinselspitze auffächern, um die Struktur der Federn nachzubilden. Jetzt die Fläche des Schnabels mit Wasser anfeuchten. An der Schnabelspitze etwas Rosa auf das Papier geben, die Farbe wandert auf dem feuchten Untergrund nach oben. Trocknen lassen.

3. Den Flamingo mit roten Federn versehen. Dafür die Pinselspitze verwenden und die Orientierung der Pinselstriche an der Körper- und Flügelform ausrichten. Unter dem Kopf einen Schatten ergänzen. Die Schnabelspitze, das Auge und die Beine in Schwarz malen.

Meeresschildkröte

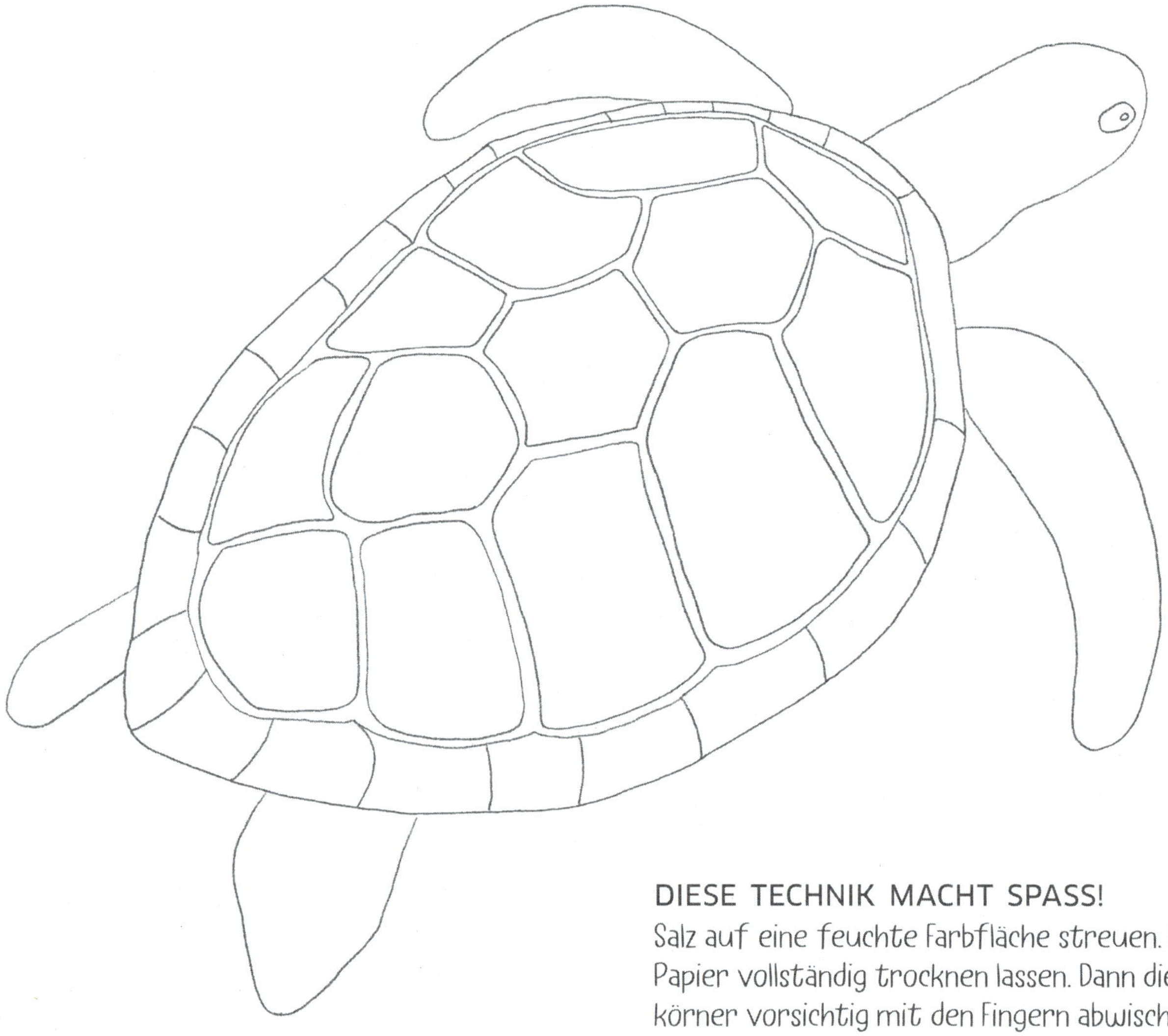

DIESE TECHNIK MACHT SPASS!

Salz auf eine feuchte Farbfläche streuen. Das Papier vollständig trocknen lassen. Dann die Salzkörner vorsichtig mit den Fingern abwischen. Auf dem Papier bleiben interessante Formen zurück, die an Sterne und kleine Explosionen erinnern.

PINSEL

- mittelgroßer Pinsel für den Körper (Nr. 4, 6)
- kleiner Pinsel für die Details (Nr. 3)

FARBPALETTE

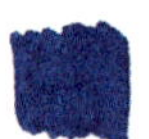
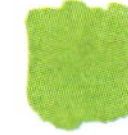
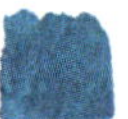

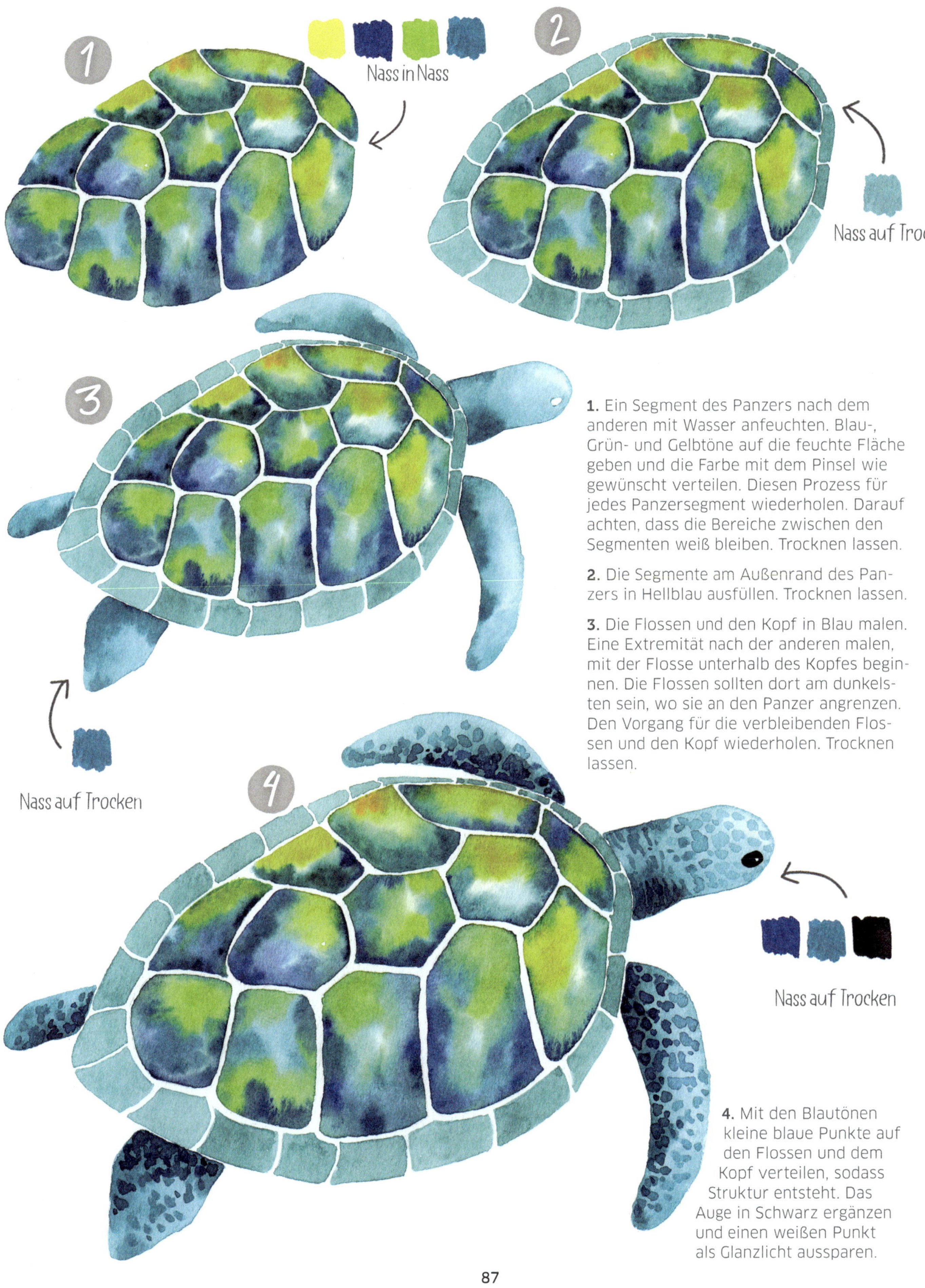

1. Ein Segment des Panzers nach dem anderen mit Wasser anfeuchten. Blau-, Grün- und Gelbtöne auf die feuchte Fläche geben und die Farbe mit dem Pinsel wie gewünscht verteilen. Diesen Prozess für jedes Panzersegment wiederholen. Darauf achten, dass die Bereiche zwischen den Segmenten weiß bleiben. Trocknen lassen.

2. Die Segmente am Außenrand des Panzers in Hellblau ausfüllen. Trocknen lassen.

3. Die Flossen und den Kopf in Blau malen. Eine Extremität nach der anderen malen, mit der Flosse unterhalb des Kopfes beginnen. Die Flossen sollten dort am dunkelsten sein, wo sie an den Panzer angrenzen. Den Vorgang für die verbleibenden Flossen und den Kopf wiederholen. Trocknen lassen.

4. Mit den Blautönen kleine blaue Punkte auf den Flossen und dem Kopf verteilen, sodass Struktur entsteht. Das Auge in Schwarz ergänzen und einen weißen Punkt als Glanzlicht aussparen.

Orchidee

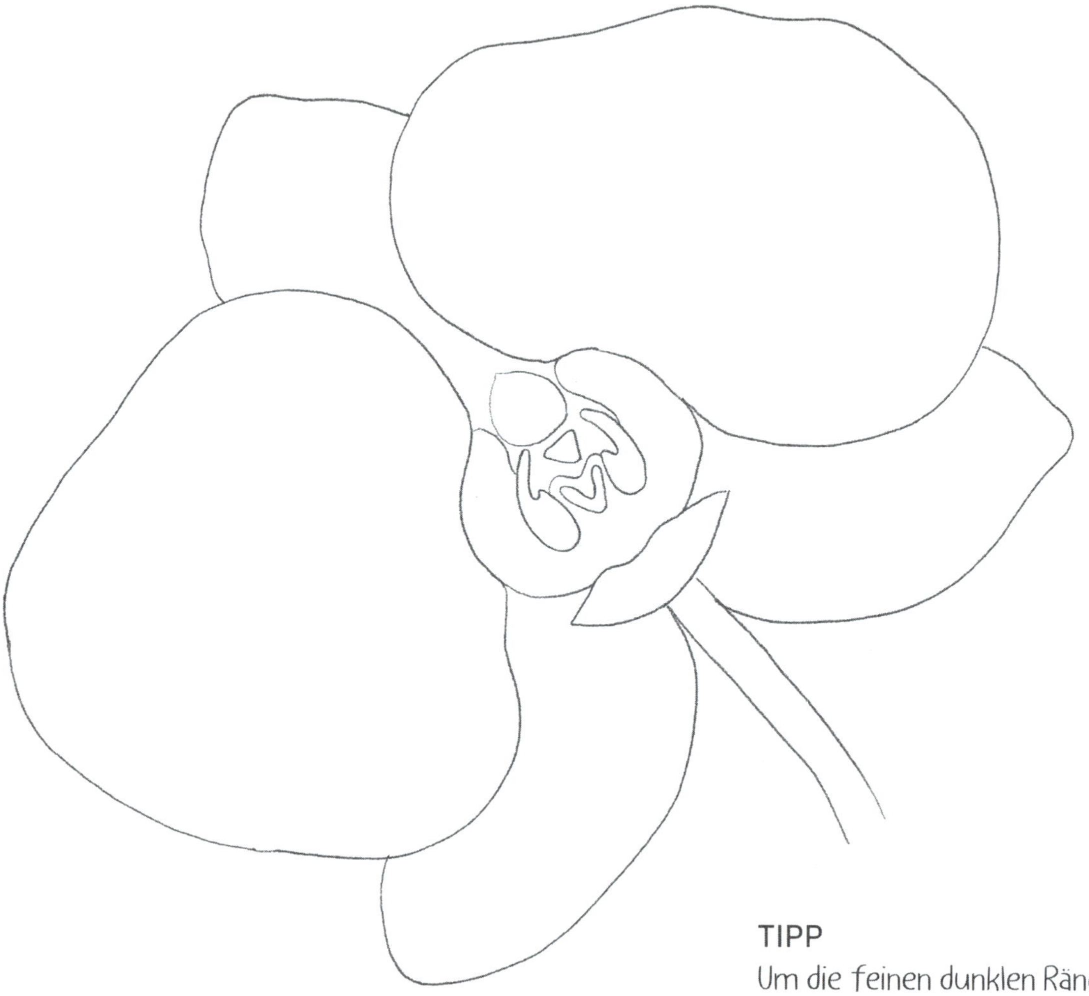

TIPP

Um die feinen dunklen Ränder entlang der Außenkanten der Blütenblätter zu erzeugen, verwendest du einen kleineren Pinsel (Nr. 3 oder 4) und gibst hochpigmentierte Farbe auf die feuchten Ränder.

PINSEL

- großer Pinsel für die Blütenblätter (Nr. 8, 10)
- kleiner/mittelgroßer Pinsel für die Details (Nr. 3, 4)

FARBPALETTE

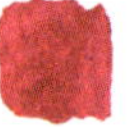
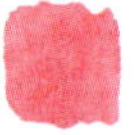
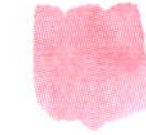

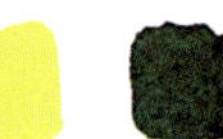

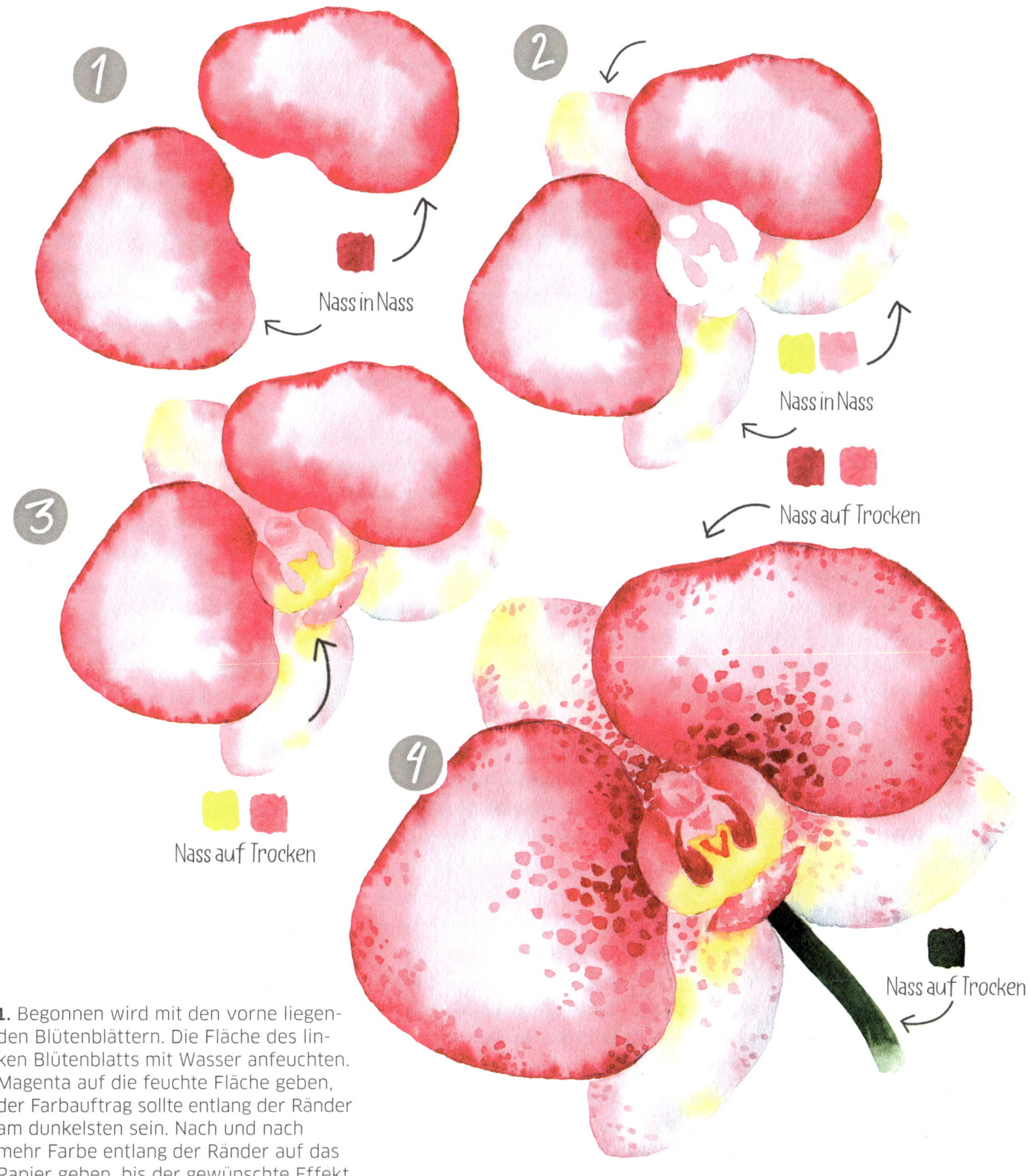

1. Begonnen wird mit den vorne liegenden Blütenblättern. Die Fläche des linken Blütenblatts mit Wasser anfeuchten. Magenta auf die feuchte Fläche geben, der Farbauftrag sollte entlang der Ränder am dunkelsten sein. Nach und nach mehr Farbe entlang der Ränder auf das Papier geben, bis der gewünschte Effekt entsteht. Für das rechte Blütenblatt den Vorgang wiederholen. Trocknen lassen.

2. Nun werden die hinten liegenden Blütenblätter hinzugefügt. Die Fläche des oberen Blütenblatts mit Wasser anfeuchten. Einen hellen Rosa- und Gelbton auf die feuchte Fläche geben und die Farbe mit dem Pinsel wie gewünscht verteilen. Wie auf der Abbildung zu sehen, die rosafarbene Fläche nach unten noch etwas ausdehnen. Den Vorgang für die anderen zwei Blütenblätter wiederholen. Trocknen lassen.

3. Mit Gelb und Rosa die Blütenmitte ausfüllen. Die gelbe Farbe auf die Mitte konzentrieren und die restliche Fläche mit Rosa ausfüllen. Trocknen lassen.

4. Entlang der Außenkanten der oben liegenden Blütenblätter Punkte in Magenta verteilen. Je näher die Punkte an der Blütenmitte sind, desto dunkler sollten sie sein. Die Punkte nach außen hin immer heller werden lassen. In einem helleren Magentaton die hinten liegenden Blütenblätter mit Punkten versehen. Anschließend die magentafarbenen Details in der Blütenmitte hinzufügen. Zum Schluss den Stiel in Dunkelgrün malen. Die Farbe mit Wasser nach unten hin ausdünnen, damit keine harte Kante entsteht.

Meerjungfrau

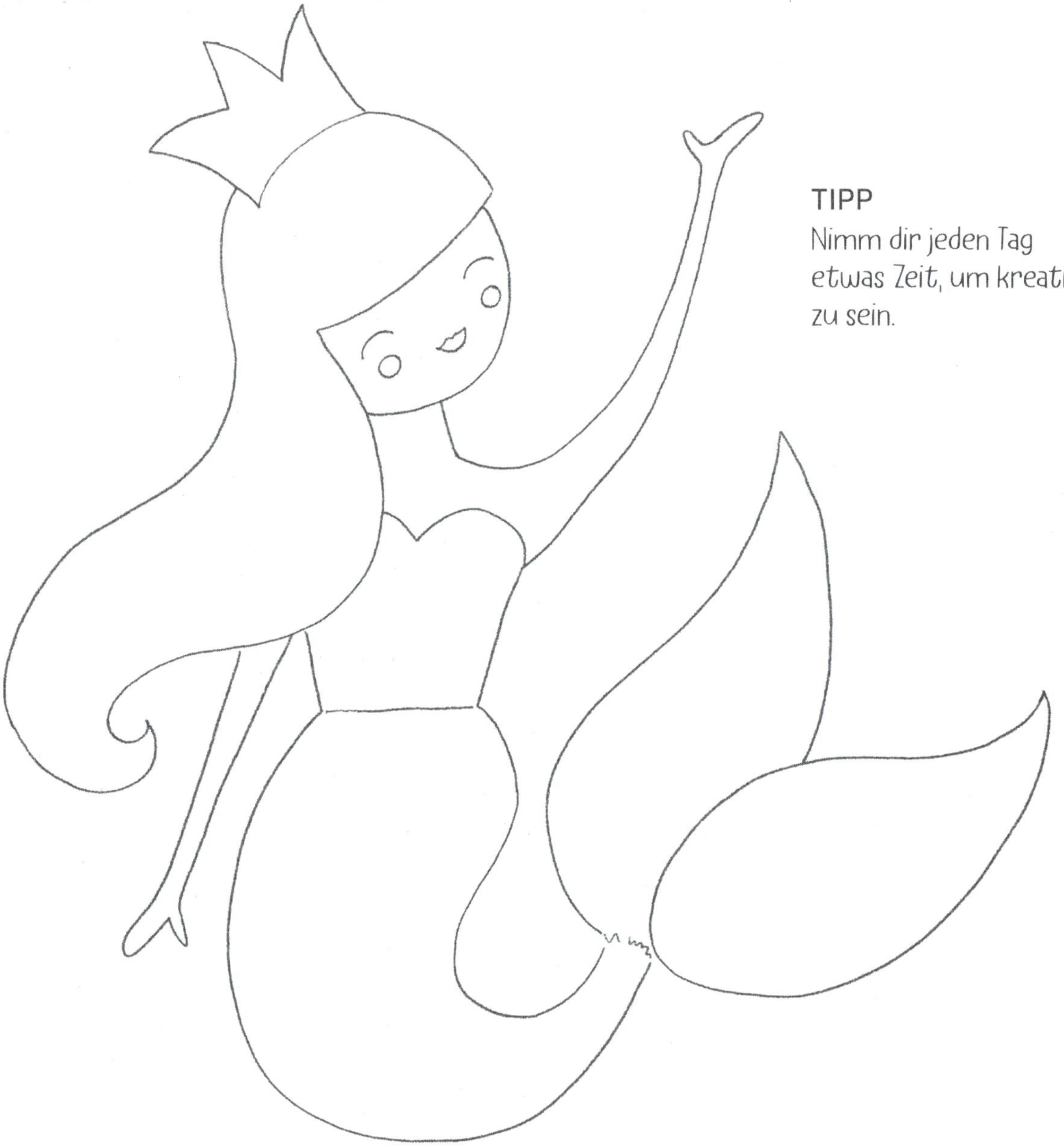

TIPP

Nimm dir jeden Tag etwas Zeit, um kreativ zu sein.

PINSEL

- mittelgroßer/großer Pinsel für den Fischschwanz (Nr. 6, 8)
- mittelgroßer Pinsel für den Körper (Nr. 4, 6)
- kleiner Pinsel für die Details (Nr. 2, 3)

FARBPALETTE

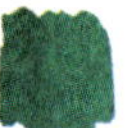
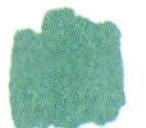
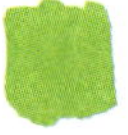
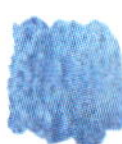

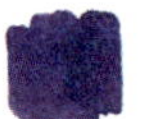

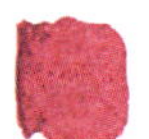
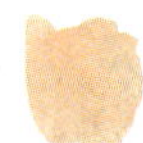

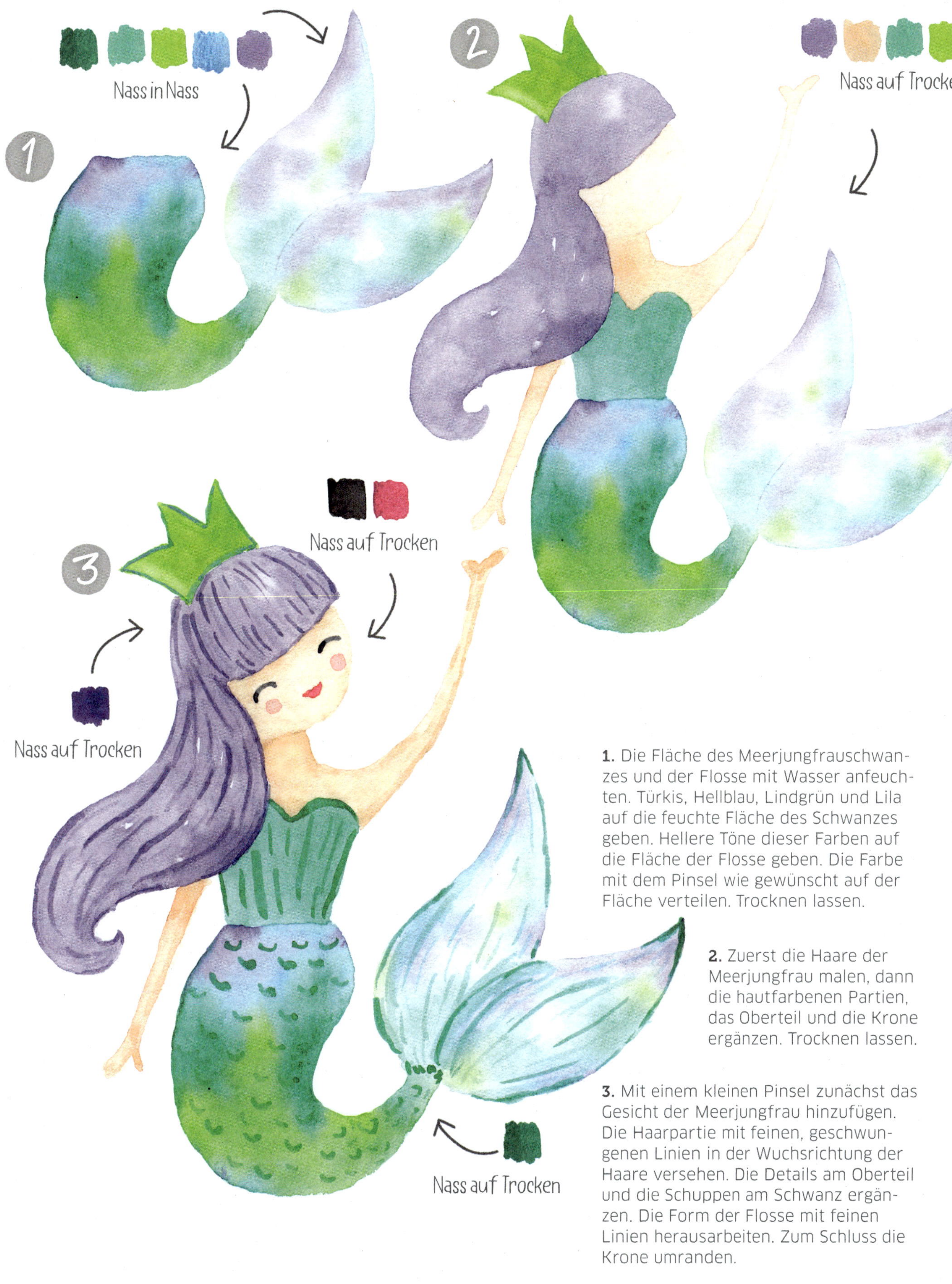

1. Die Fläche des Meerjungfrauschwanzes und der Flosse mit Wasser anfeuchten. Türkis, Hellblau, Lindgrün und Lila auf die feuchte Fläche des Schwanzes geben. Hellere Töne dieser Farben auf die Fläche der Flosse geben. Die Farbe mit dem Pinsel wie gewünscht auf der Fläche verteilen. Trocknen lassen.

2. Zuerst die Haare der Meerjungfrau malen, dann die hautfarbenen Partien, das Oberteil und die Krone ergänzen. Trocknen lassen.

3. Mit einem kleinen Pinsel zunächst das Gesicht der Meerjungfrau hinzufügen. Die Haarpartie mit feinen, geschwungenen Linien in der Wuchsrichtung der Haare versehen. Die Details am Oberteil und die Schuppen am Schwanz ergänzen. Die Form der Flosse mit feinen Linien herausarbeiten. Zum Schluss die Krone umranden.

Kolibri

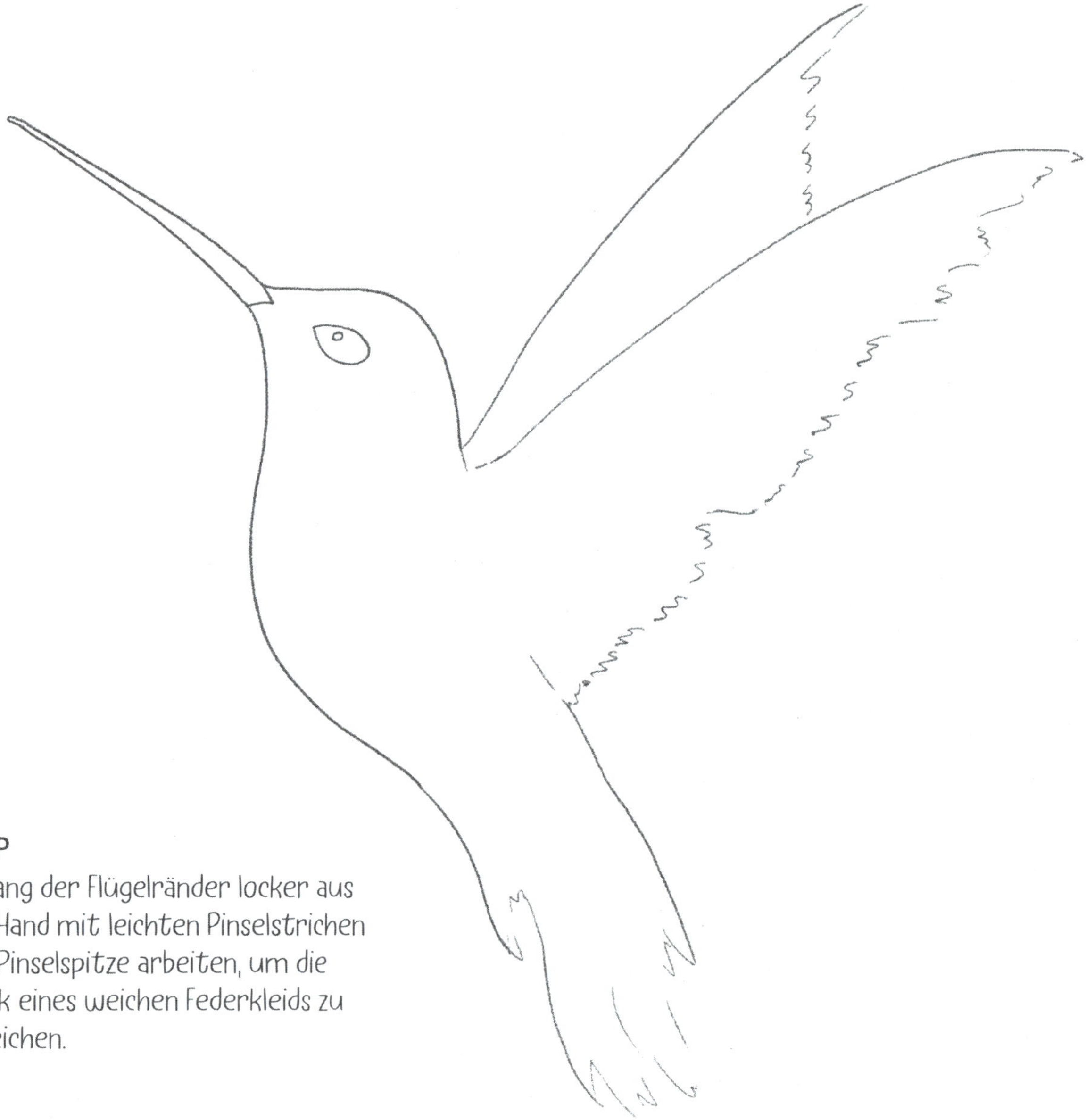

TIPP

Entlang der Flügelränder locker aus der Hand mit leichten Pinselstrichen der Pinselspitze arbeiten, um die Optik eines weichen Federkleids zu erreichen.

PINSEL

- großer Pinsel für den Körper (Nr. 8, 10)
- mittelgroßer Pinsel für Details auf Flügeln und Körper (Nr. 4, 6)
- kleiner Pinsel für Schnabel und Auge (Nr. 2, 3)

FARBPALETTE

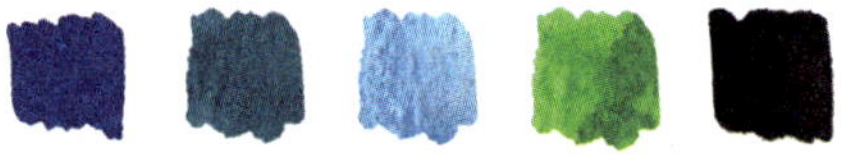

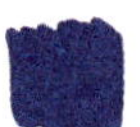
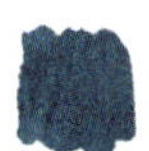
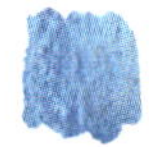

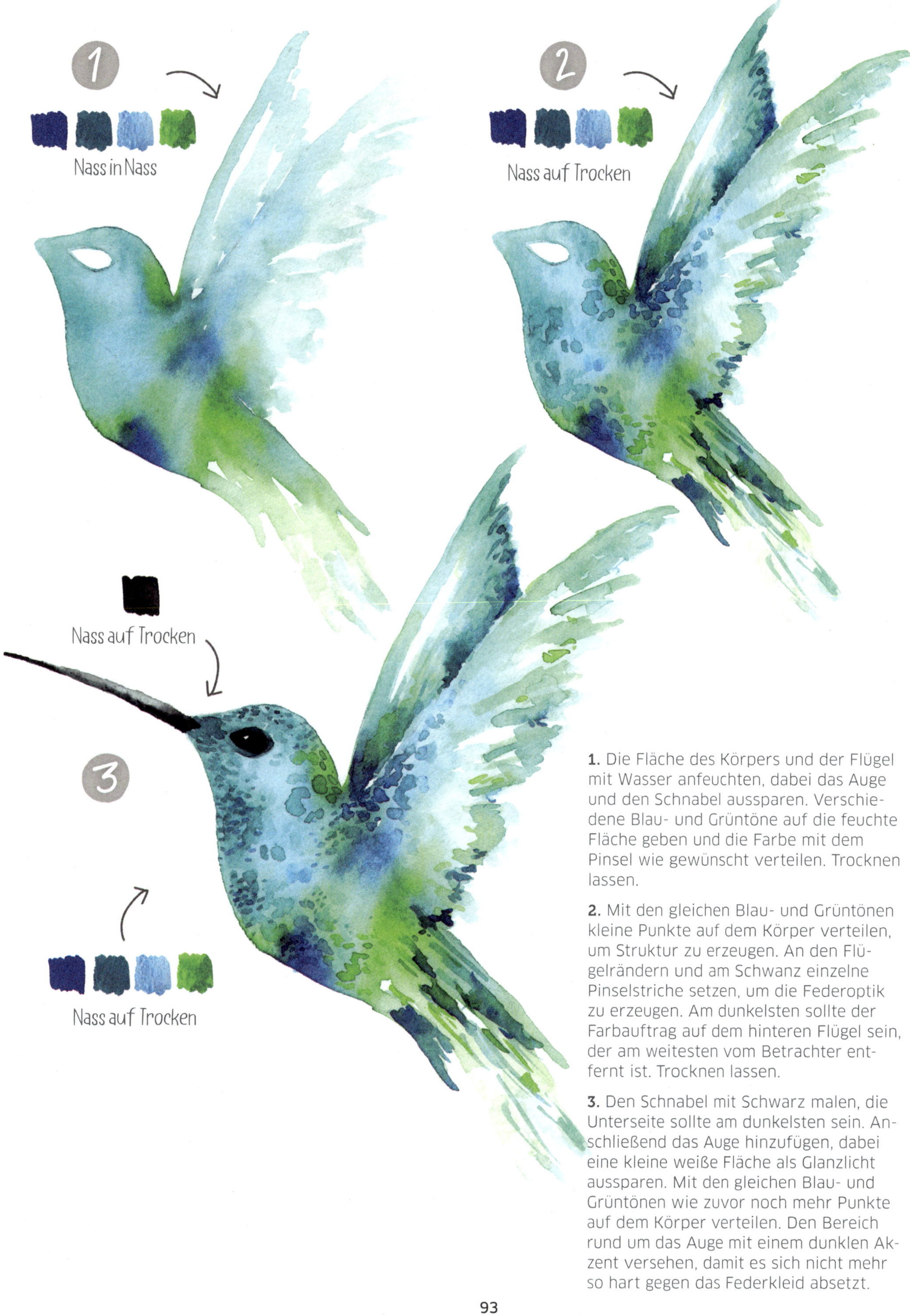

1. Die Fläche des Körpers und der Flügel mit Wasser anfeuchten, dabei das Auge und den Schnabel aussparen. Verschiedene Blau- und Grüntöne auf die feuchte Fläche geben und die Farbe mit dem Pinsel wie gewünscht verteilen. Trocknen lassen.

2. Mit den gleichen Blau- und Grüntönen kleine Punkte auf dem Körper verteilen, um Struktur zu erzeugen. An den Flügelrändern und am Schwanz einzelne Pinselstriche setzen, um die Federoptik zu erzeugen. Am dunkelsten sollte der Farbauftrag auf dem hinteren Flügel sein, der am weitesten vom Betrachter entfernt ist. Trocknen lassen.

3. Den Schnabel mit Schwarz malen, die Unterseite sollte am dunkelsten sein. Anschließend das Auge hinzufügen, dabei eine kleine weiße Fläche als Glanzlicht aussparen. Mit den gleichen Blau- und Grüntönen wie zuvor noch mehr Punkte auf dem Körper verteilen. Den Bereich rund um das Auge mit einem dunklen Akzent versehen, damit es sich nicht mehr so hart gegen das Federkleid absetzt.

Zitrone

TIPP
Weiche Übergänge sind das A und O! Der Trick, um die gleichmäßige, runde Form dieser Zitrone zu erzielen, besteht darin, die Farbränder durch Verdünnen mit Wasser in fließende Übergänge zu verwandeln.

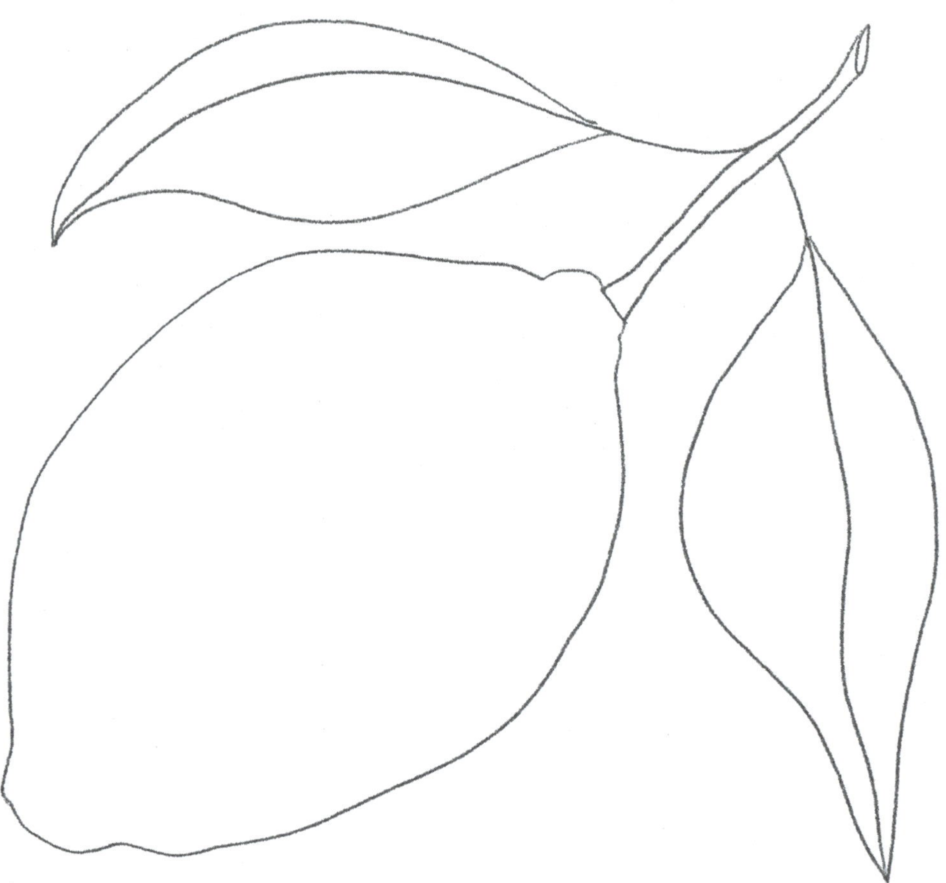

PINSEL

- mittelgroßer Pinsel (Nr. 4, 6)
- kleiner Pinsel für die Details (Nr. 2, 3)

FARBPALETTE

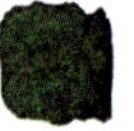
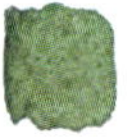

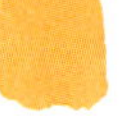

1. Die Zitrone mit einer hellen, wässrigen Schicht Gelb beginnen. Die Farbe sollte entlang der Ränder am dunkelsten sein. Darauf achten, dass der Bereich links oben sehr hell bleibt, denn dies ist die Position des Glanzlichts. Den Stiel und die Blätter in Grün malen, in der Mitte beider Blätter einen weißen Bereich für die Blattader aussparen. Trocknen lassen.

2. Mehrere Schichten Gelb übereinanderlegen (siehe S. 15), um die Farbe der Zitrone zu intensivieren. Mithilfe der Technik des Verwaschens (siehe S. 16) an den Rändern der Farbschichten fließende Übergänge zur Mitte hin schaffen, sodass keine harten Kanten entstehen. Trocknen lassen.

3. Das Gelb der Zitrone mit zusätzlichen Schichten weiter aufbauen, dabei zur Auflockerung kleine Akzente in Gelborange und Hellgrün setzen. Die Farben sollten entlang der Ränder am dunkelsten sein. Die Blattadern in Dunkelgrün hinzufügen und die rechte Seite des Stiels mit einem dunklen Akzent versehen. Trocknen lassen.

4. Entlang der Ränder der Zitrone Punkte in Gelborange setzen, um ihr Struktur zu verleihen. Den harten Kontrast in der Blattmitte auflösen und den weißen Bereich mit Hellgrün füllen.

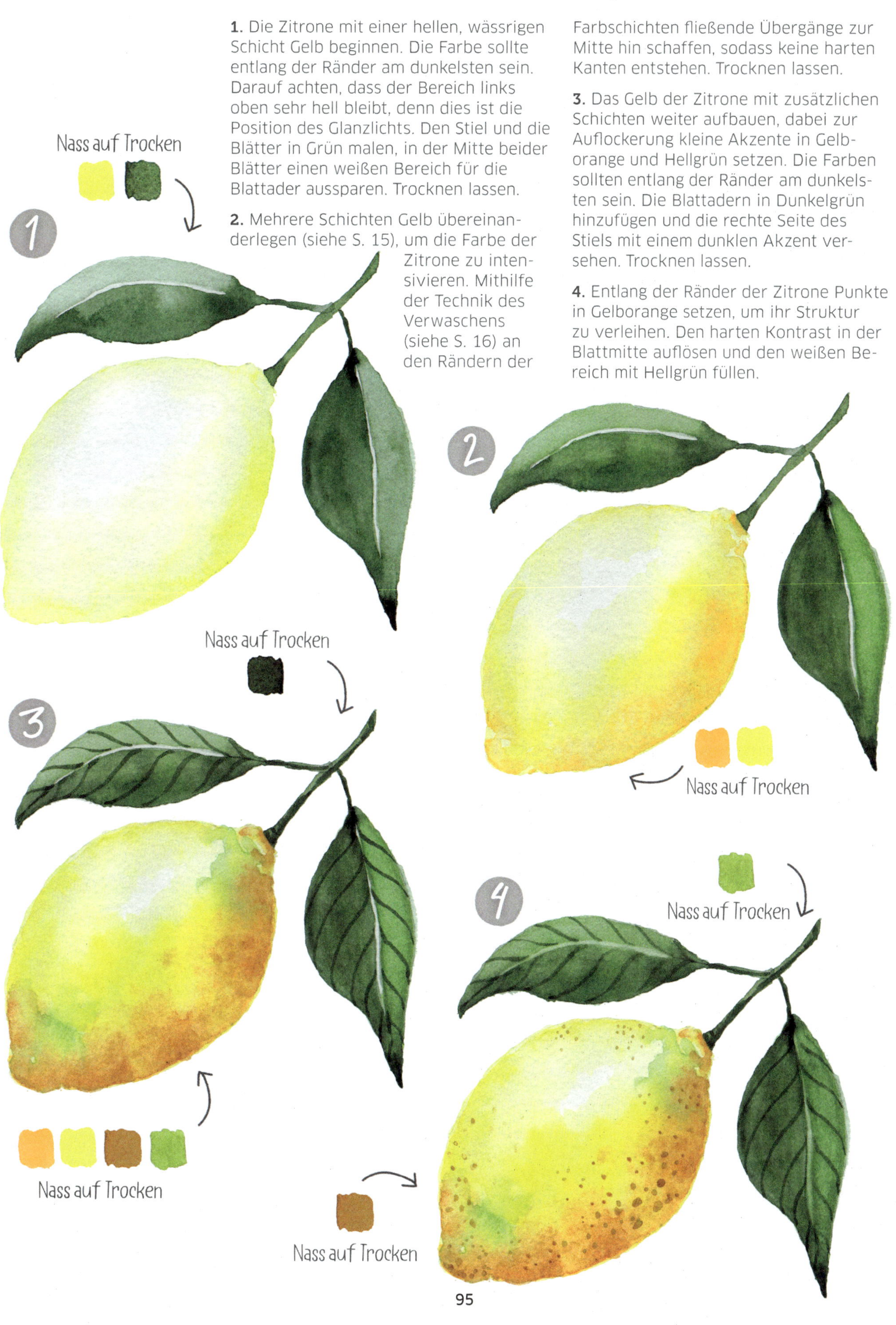

ISBN 978-3-8094-4945-4

1. Auflage

Die englische Originalausgabe erschien 2020 bei Better Day Books, York, USA (vertreten durch Schiffer Publishing Ltd., Atglen, USA) unter dem Titel *Watercolor – The Easy Way*

Umschlaggestaltung: Atelier Versen, Bad Aibling

Redaktion und Producing: SAW Communications, Redaktionsbüro Dr. Sabine A. Werner, Dahn

Übersetzung: SAW Communications, Mia Kessler

Satz: SAW Communications in Zusammenarbeit mit Anke Enders

Herstellung: Franziska Polenz

Projektleitung: Sibylle Lehmann

Druck und Bindung: TBB, a.s., Banská Bystrica

Printed in Slovakia

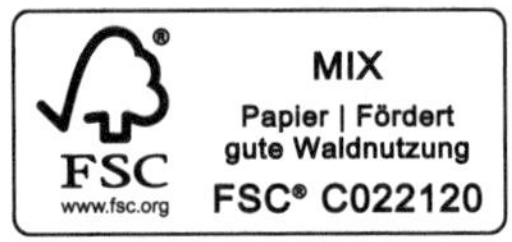

Penguin Random House Verlagsgruppe FSC® N001967